U0114953

国家社会科学基金重大招标项目"清代中国与东南亚国家关系研究暨数据库建设"（项目编号：19ZDA208）

广东省哲学社会科学"十三五"规划委托课题"马来西亚广东华侨移民史"（项目编号：GD16TW08-3）

中国博士后科学基金第11批特别资助（项目编号：2018T110677）

麻国庆 主编

跨界
与
文化田野

华风南下

马来西亚华人的信仰与社会

宋 燕 鹏 …著

三联书店

图书在版编目（CIP）数据

华风南下：马来西亚华人的信仰与社会／宋燕鹏著．—北京：
生活·读书·新知三联书店，2022.10
（跨界与文化田野）
ISBN 978-7-108-07357-0

Ⅰ．①华…　Ⅱ．①宋…　Ⅲ．①华人-宗教信仰-研究-马来西亚
Ⅳ．① B933

中国版本图书馆 CIP 数据核字（2022）第 010276 号

责任编辑　张　龙　周玖龄
装帧设计　刘　洋
责任印制　宋　家
出版发行　生活·讀書·新知 三联书店
　　　　　（北京市东城区美术馆东街 22 号 100010）
网　　址　www.sdxjpc.com
经　　销　新华书店
印　　刷　三河市天润建兴印务有限公司
版　　次　2022 年 10 月北京第 1 版
　　　　　2022 年 10 月北京第 1 次印刷
开　　本　880 毫米 × 1230 毫米　1/32　印张 7
字　　数　179 千字　图 45 幅
定　　价　68.00 元
（印装查询：01064002715；邮购查询：01084010542）

目 录

"跨界与文化田野"丛书总序

麻国庆

总结费孝通先生一生的学问,我认为可以简单概括为"三篇文章":汉民族社会、少数民族社会、全球化与地方化。从费先生的学术历程看,以江村为起点一直到全球社会,都围绕着流动性、开放性和全球性展开讨论,如江村的蚕丝通过上海经过加工进入资本主义体系,及其晚年倡导的"和而不同"的全球社会理论。可见,费先生一直关注着中国社会文化人类学研究的流动性与跨界性。当今世界的跨界流动的现象越发频繁,延续费先生的学术脉络,我们有必要重新审视"跨界的人类学"中丰富的意涵。我想,可以从如下几个方面,展开对"跨界的人类学"与文化田野的理解和认识。

一、"跨界的人类学"将成为人类学研究的重要方向

今天,人类学家在关注文化、历史、结构、过程以及研究对象的行动时,经常要穿越村社、地方、区域乃至国家的边界。近年来,从大量的民族志作品看,仅仅试图赋予某个"个案"独立的意义已难成功,甚至当以类型学的手段进行个案分析时,我们也难以概括不同个案中"你中有我,我中有你"的整体性内涵。此外,虽然"跨国主义""跨境研究"等系列概念也在试图回应全世界普遍发生的"流动"状态,但仍然是不够的。因为,人类学的研究单位是立体的、多层次的,对任何一种社区单位层次的简单概括都不足以分析当代世界体系中复杂的交叉性特征。即使是东方、非洲与南美

等发展中区域，世界体系也早已将它们深深卷入其中。

"跨界"这一概念，要比"跨国""跨体系""跨境""跨社区"等具体性的概念更具有理论意义。跨界不是否认边界，而是试图重新认识"边界"。在一定程度上讲，我们区分村社、区域、国家的边界时，实际上也是在强调它们之间的联系纽带，比如，两个社区之间最为紧密的联系区域恰恰最可能产生在所谓的"边界"之中。因此，当人类学以跨界的视野去认识研究对象、研究区域时，所秉持的方法论，就不能仅仅是内部性的扩展个案研究，而是内外兼顾的扩展个案研究。

今日，各种人口、商品和信息的洪流裹挟在一起，造成边界的重置与并存，跨界本身成了一种社会事实，其中尤以人口跨国流动为甚，在这个过程中社会与文化的重重界限被流动人口的活动所打破。跨国生活过程将不同社会的多种边界并置于一个空间，我们在不同社会研究中所提出的概念和知识被连接起来，形成了一种"模棱两可"的场域，即一个地点两套（甚至多套）知识体系互动的局面。一方面，传统意义上的跨国流动关注政治界限的跨越和协商，但这只是多面体的一面。实际上，在这个环境中，多个社会中的民族、阶级、政治，参与到同一个边界运作过程中来，形成了一个由政治、经济与文化多重边界所构成的多面体。另一方面，这不仅是一个从多方面重新划界的过程，也是一个协商与抵抗的过程，是由政府、社会、企业与个人参与其中的互动机制。因而全球化，或者说跨国流动所带来的这种衔接部位并不存在固定的方向，这是一个各种力量相互摩擦的互动地带。

中国人类学与世界的对接点可能就在于"跨界"的人类学。流动的概念很可能会变成全球人类学的核心。比如，广州的流动现象反映了全球体系在中国如何表述的问题，广州的非洲人作为非洲离散群体（African diaspora）的一部分，以移民的身份进入中国这个新的移民目标国，在全球化的背景下重新形塑了人们之间的行为边界及行为内容。又如中国的技术移民——工程师群体，当他们移居到如新加坡等国后，他们的家乡认同、国家认同以及对新的国家的重新认同，都反映了流动、迁居所带来的多重身份认同。

流动、移民和世界单位，这几个概念将会构成中国人类学走向世界的重要基础。这些年我一直在思考，到底中国人类学有什么东西可以脱颖而出？我们虽然说已经有许多中国研究的作品，也尝试着提出自己的理论，但像弗里德曼那样的研究还无法构成人类学的普适化理论。我觉得，新理论有可能出自中国与周边国家和地区的跨界地带。如东南亚、南亚、东北亚、中亚等过渡地带。在这些区域，如果以超越民族国家的理念，把研究提升到地缘政治和区域研究的视角，进行思考和讨论，应该会产生经典的人类学民族志作品。同时，不同民族的接合部，在中国国内也会成为人类学、民族学研究出新思想的地方。其实，费孝通先生所倡导的民族走廊的研究，很早就注意到多民族接合部的问题，我们今天一般用民族边界来讨论，但接合部，在中国如蒙汉接合部、汉藏接合部等，还有其特殊的历史文化内涵。

不管是着眼于国内的流动还是跨国的流动，一个全新的领域——跨界的人类学（笔者语）将成为 21 世纪全球人类学的核心。人类学研究也必须与世界背景联系在一起，才能回答世界是什么的问题，才能回答世界的多样性格局在什么地方的问题。

现在，海外中国研究对于中国的民族研究有两种取向。一种偏文化取向，例如对西南民族的文化类型进行讨论；而另一种偏政治取向，将藏族等大的民族放到作为问题域的民族中来讨论。不论采取什么取向，我们首先要强调：任何民族研究都应当在民族的历史认同的基础上来讨论，不能先入为主地认为某个民族是政治的民族，而要回到它的文化本位。相当多的研究者在讨论中国的民族的时候，强调了民族自身的特殊性与独立性，却忽视了民族之间的有机联系及之间的互动性和共生性。也就是说，将每个民族作为单体来研究，而忘记了民族之间形成的关系体，忘记了所有民族皆处于互动的共生关系中。这恰恰就是"中华民族多元一体格局"概念之所以重要的原因。多元不是强调分离，多元只是表述现象，其核心是强调多元中的有机联系体，是有机联系中的多元，是一种共生中的多元，而不是分离中的多元。我以为，"多元一体"概念的核心，事实上是同时强调民族文化的多元和共有的公民意识，这应当是多民族中国社会的主题。

关于海外中国研究，有几点是值得注意的。首先，海外研究本身应该被放到中国对世界的理解体系中来看待，它是通过对世界现实的关心和第一手资料的占有来认识世界的一种方式。其次，强调中国与世界整体的直接关系。比如，如何回应西方因中国企业大量进驻非洲而提出的中国在非洲的"新殖民主义"问题？人类学如何来表达自己的声音？第三，在异国与异文化的认识方面，如何从中国人的角度来认识世界？近代以来聪明的中国人已经积累了一套对世界的看法，如何把这套对海外的认知体系与我们今天人类学的海外社会研究对接？也就是说，中国人固有的对海外的认知体系如何转化成人类学的学术话语体系？第四，海外研究还要强调与中国的有机联系性，比如杜维明提出过"文化中国"的概念，人类学如何来应答？近五千万华人在海外，华人世界的儒家传统落地生根之后的本地化过程以及与有根社会的联系，应该可以说，这恰恰构成了中国经济腾飞的重要基础。我们可以设问，如果没有文化中国，中国经济能有今天吗？

另外，海外研究还要重视跨界民族。这一部分研究的价值在于与中国的互动性形成对接。此外，还有一个很大的问题，就是中国人在海外不同国家中的新移民的问题。不同阶层的新海外移民在当地的生活状况值得关注，如新加坡的技术移民生活过程可以被视为一种在自由与限制、体面与难堪之间挣扎的过程等。同时，不同国家的人在中国的状况其实也是海外民族志研究的一部分。我觉得海外民族志应当是双向的。国内的朝鲜人、越南人、非洲人，还有在中国的不具有公民身份的难民，也都应该构成海外民族志的一部分。这方面的研究一方面是海外的，另一方面又是国内的。海外民族志研究不应局限于国家，要有多样性。

二、关于文化田野

自从人类学家告别古典时代"安乐椅"式的工作方式，开始远足到万里之外的异域和真正的"他者"打交道后，人类学这门学科才算真正找到了自己的位置。马林诺夫斯基在南太平洋小岛无奈下的调查，开启了人类学的新时代，他以建构"文化科学"为理念，给学科的方法论起个"科学"名称——"田野工作"（fieldwork）。由此开始，人类学的田野被赋予了文化的主轴。

马林诺夫斯基文化科学的方法，是指研究者自身在原住民中生活，以直接的观察、详细充分验证的资料为基础，参照专业的规范来确立法则进而论证这一民族生活的实态和规律。时至今日，田野工作对于专业的人类学研究者来说，较为理想的状态是研究者在所调查的地方至少住一年，以特定的社区为中心，集中、细致地调查这一社会。以田野工作的方式获取资料，在田野的基础上讨论问题，成了人类学专业的行规。

田野中出现的问题有几个趋向。一是田野的伦理价值判断问题。如果田野讨论实践、讨论行动的问题，那么田野的学理意义会受到质疑。二是很多田野没有观照社会学调查，只是一个社会调查而已，忽略了田野调查对象中人们的思想和宇宙观。田野本身是作为思想的人类学而非资料的人类学得以成立的。许烺光很早就在《宗族·种姓·俱乐部》里提出，社区研究是发现社区人们的思想，不是简单的生活状态，因为之所以产生这种生活状态，背后一定有一套思想体系的支撑。第三个问题是接受后现代人类学，忽略了人类学传统的田野经验，把田野中的资料过度抽象化，抽象到田野已经不是田野本身，而是研究者的一套说理体系。但如果把当地人的观念简单抽象化，这种田野是还原不回去的。

在一定意义上，人类学传统的社区研究如何进入区域是一个方法论的扩展，用费先生的话来说就是扩展社会学。人类学到了一定程度如何来扩展研究视角，如何进入区域，是一个重要的问题。这也涉及跨文化研究的方法论问题。"进得去，还得出得来"，拓展多点民族志的比较研究。

与方法论相关的另一个问题是，民俗的概念如何转化成学术概念。20世纪80年代，杨国枢和乔健先生就讨论过中国人类学、心理学、行为科学的本土化问题。本土化命题在今天还有意义。当时只是讨论到"关系、面子、人情"等概念。但是，中国社会里还有很多人们离不开的民间概念需要研究。又比如日本社会强调"义理"，义理与我们的人情、关系、情面一样重要，但它体现了纵式社会的特点，本尼迪克特在她的书中也提到了这一点。这如何转换成学术概念？民俗概念和当地社会的概念完全可以上升为学理概念。

田野，从一开始，就跨越了人类学家为其界定的概念边界。田野工作的本质，跨越了获取资料的技术手段，成为对异文化的思想关怀。田野的目标，跨越了对某些事项的描写，成为人类学家超越时空进行思想交锋的平台。田野工作的意义，在"写文化"之后被赋予了更为丰富的内涵。随着极端后现代主义思潮的逐渐退去，经过深度反思的人类学已经不再迷信单一的理论范式，更放弃了科学主义的表述方式，然而学科共识却变得模糊了，人类学分支学科大发展的背后，是问题域的碎片化。面对困惑，人类学家还是纷纷回到田野里寻找答案。

此时的田野中，只有解答人类多元文化时迸发出的五彩缤纷的思想火花，而早已不见了单线、苍白的刻板界限。在非洲的人类学家，从随着部落民一起进入城市开始，问题意识也从找寻宗族的平衡机制转向贫民窟和艾滋病的治理方式；在拉美的人类学家，走出了原始森林荫蔽下的大小聚落，将目光转向民粹主义领袖的政治宣传策略；在东亚和欧美的一些人类学家，纷纷回到自己的家乡展开田野工作，不无惊异地发现自己对"本文化"的解读可以如此深入和多元。

当然，我们这种内外兼修的"跨界"人类学方法，仍然应以关注文化为核心的民族志田野来完成。当我们发现文化模式的共生与冲突、社区网络的连接与重组、习俗规范的形成与解构、行动意义的理解与实践等等议题时，实际上就是在讨论"跨界"问题，而这个问题的核心议题仍是"文化"，人类学的看家本领——田野与民族志是理解跨界与文化的基础。我们的田野是文化的田野，它既不是沉浸于过去的历史回顾，也不是走马观花的现状调查。对历史、数据、哲学、政策等时髦议题的关注，是在文化田野之中的，而不能替代文化田野本身。正如费孝通先生曾在生前希望出一套"文化田野丛书"，但丛书未果，后来我看其寄语感慨万千，也见此次丛书加上"文化田野"的表述，以纪念先生对于人类学的巨大学术贡献。费先生在寄语里写道："文化来自生活，来自社会实践，通过田野考察来反映新时代的文化变迁和文化发展的轨迹。以发展的观点结合过去同现在的条件和要求，向未来的文化展开一个新的起点，这是很有必要的。同时也应该是'文化田野丛书'出版的意义。"本套丛书在学理上也秉承费先生的这一寄语。

文化在田野中，才能获得最为鲜活的解读。文化田野，早已越过了社区的界限、族群的界限、区域的界限、国家的界限。如冲破传统上城乡二元的限制，进入到城市的农村人口，他们跨越城—乡，融合了"乡土性"与"都市性"，是城乡一体化的典型例证，他们因跨界，因流动而形成的文化风格甚至成为现代都市生活中有生机活力的创造性成分。他们在城乡之间消费自己的劳动、憧憬着家庭的未来，这是中国社会内部流动性的一大特点。除了内地汉族社会的流动性之外，民族地区的流动性与跨界性也是一大特点。早在20世纪80年代初，费孝通先生就提出了对于河西走廊、藏彝走廊、南岭民族走廊的中国三大民族走廊进行研究的民族学人类学意义。这三大民族走廊最大的特点就是跨界性与流动性。

20世纪80年代费先生提出了依托于历史文化区域推进经济协作的发展思路。"以河西走廊为主的黄河上游一千多里的流域，在历史上就属于一个经济地带。善于经商的回族长期生活在这里。现在我们把这一千多里黄河流域连起来看，构成一个协作区。"① 因此，这个经济区的意义正如费先生所说："就是重开向西的'丝绸之路'，通过现在已建成的欧亚大陆桥，打开西部国际市场。"②

对于南方丝绸之路，费老曾在 1991 年的《瞭望》杂志上发表《凉山行》，其中就提到关于藏彝走廊特别是这一区域内和外的发展问题：由四川凉山彝族自治州与攀枝花市合作建立攀西开发区，以此为中心，重建由四川成都经攀西及云南保山在德宏出境，西通缅、印、孟的"南方丝绸之路"，为大西南的工业化、现代化奠定基础。

1981 年中央民族研究所的座谈会上，费先生把"南岭走廊"放在全国一盘棋的宏观视野下进行论述与思考，之后又强调把苗瑶语族和壮侗语族这两大集团的关系搞出来。③ 这个论断，其实暗含了类型比较的研究思路。如南岭走廊的研究对于我们认识南部中国的海疆与陆疆的边界与文化互动有着重要的现实意义。它是在长期的历史过程中逐渐形成的，并且与南中国海以及周边省份、国家逐渐发展成为一个有内在联系的区域。从历史与现实上看，与东南亚毗邻的南部边疆与南中国海及周边陆上区域，不但在自然的地理空间上有相邻与重合，而且在文化空间上形成了超越地理意义上的文化网络和社会网络。中国南部陆疆与海疆区域与东南亚之间的经济联系历史悠久，明清时期发展成为具有一定全球性影响的经济区域，到今天，中国－东盟自由贸易区，也是世界三大区域经济合作区之一。在这一背景下，这一对话和联系的基础离不开对这一区域的文化生态与社会网络的人类学思考，如山地、流域、海洋等文明体系和区域文化的研究。

费老强调的南方丝绸之路的理念，对我们今天的"一带一路"倡议，有重要的参考价值。

---

① 北京大学社会学人类学研究所编：《东亚社会研究》，北京：北京大学出版社，1993 年，第 218 页。
② 同上。
③ 费孝通：《深入进行民族调查》，费孝通：《费孝通民族研究文集新编》，北京：中央民族大学出版社，2006 年，第 473—474 页。

在全球化的今天，随着"冷战"的结束，全球体系越来越向多极化方向发展，区域问题、地缘政治与发展等问题，不断在超越传统的民族国家的界限，全球化所带来的全球文化的同质性、一体化的理想模式，受到了来自地方和区域的挑战。因此从区域的角度，来探索全球性的问题和现象，是认识"和而不同"的全球社会的出发点。

面对这一大的战略转移，人类学、民族学对于跨国社会研究的经验和基础，会扮演非常重要的角色。比如重新认识和理解"一带一路"的社会文化基础和全球意识。我们的研究重点将会突出通过海路和陆地所形成的亚、非、欧之间的交通、贸易、文化交流之路。这种跨境的文化交融现象在现代化和全球化背景下将会越来越多，原本由国家和民族所设定或隐喻的各种有形和无形的、社会和文化的"界限"，不断被越来越频繁的人员、物资和信息流通所"跨越"，形成了复杂多元的社会网络体系。今日的世界日益被各种人口、商品和信息的洪流裹挟在一起，带来边界的重置与并存，因而跨界本身成为一种社会事实。

国际合作背后重要的因素是文化，文化的核心是交流、沟通与理解。只有理解他国、他民族、他文化，才能够包容接受、彼此尊重，才能保持世界文化的多样性、价值观的多样性，才能建立人类文化共生的心态，创造"和而不同"的全球社会。

本丛书力图把社会、文化、民族与国家、全球置于相互联系、互为因果、部分与整体的方法论框架中进行研究，超越西方人类学固有的学科分类，扩展人类学的学术视野，形成自己的人类学方法论。同时本丛书也会出版海外民族志的研究，特别是以流动性为主题的人类学作品。中国人类学进入海外研究，这是与中国的崛起和经济发展紧密相连的。

本丛书也会遵守学理性和应用性的统一。我记得在1999年，日本《东京新闻》采访20世纪对世界贡献最大的社会科学家，在中国采访的是费先生，当时我做翻译。我印象很深的是这位记者问费先生："您既是官员又是学者，这在国外是很难想象的，您一直强调学以致用，它会不会影响学术的本真性？"费先生没正面回答他，他说作为人类学和社会学学科，它的知识来自民间，作为学者就是要把来自于民间的知识体系经过学者的消化后造福当地，反馈回当地，服务于人民，而中国本身的学术也有学以致用的传统。费先生所追求的核心问题就是"从实求知"和"致富于民"。本丛书在学理和实践的层面会以此为指导，使本丛书真正成为"迈向人民的人类学"的重要园地。

在文化田野中，我们可以看到的"跨界"实在太多，本丛书也希望成为一个开放式的平台，特别强调高水平的人类学跨区域研究以及民族志作品，使之成为一个品牌并发挥长期效应。

第一章　极乐寺与早期槟城华人社会

众所周知，汉传佛教有两个主要的传播方向，向东是朝鲜半岛和日本列岛，向南则是东南亚。汉传佛教很早就传播到越南，对其文化的形塑影响深远。它进一步在东南亚的传播，则已经进入清代了。其中，马来半岛是重要的传播区域，在 18 世纪的马六甲青云亭就已经看到佛教僧侣的名字。但是佛教势力真正站稳脚跟，则是以佛教寺院的正式建立为标志。这就是如今在整个东南亚都赫赫有名的槟城极乐寺。极乐寺是马来西亚佛教研究，乃至东南亚佛教研究的重要内容。

第一节　由极乐寺的创建看 1900 年前后槟城佛教僧侣与世俗社会之关系

极乐寺是槟城也是东南亚最负盛名的汉传佛寺，由来自福州鼓山涌泉寺的妙莲法师所倡建。该寺完成于 1904 年，正式落成于 1905 年 1 月 13 日。迄今学者对极乐寺多有阐述，但皆限于论著主题而未能加以全面分析。[①] 笔者不拟对极乐寺全面铺叙，只着眼于极乐寺为什么

---

① 对极乐寺的研究，可见陈美华：《马来西亚的汉语系佛教：历史的足迹、近现代再传入与在地扎根》，载《马来西亚与印度尼西亚的宗教认同：伊斯兰、佛教与华人信仰》，台北："中央研究院"人社中心亚太区域研究专题中心，2009 年，第 53—121 页；白玉国：《马来西亚华人佛教信仰研究》，成都：巴蜀书社，2008 年；郑筱筠：《试论马来西亚佛教发展的现状及特点》，《宗风》庚寅夏之卷，北京：宗教文化出版社，2010 年，第 226—253 页；［马来西亚］陈秋平：《移民与佛教：英殖民时代的槟城佛教》，新山：南方学院出版社，2004 年；Liow Woon-Khin Benny,Buddhist Temple and Association in Penang:1845-1948,in *JMBRAS*,Vol.LXII,Part 1；Wong Choon –San, *"Kek Lok Si" Temple of Paradise*,Singapore:Malaysian Sociological Research Institute Ltd., 1963.

会在 19 世纪末期才出现,以及其创建过程中所展示出来的福州妙莲法师与槟城客家领袖之关系。

一、1900 年前后的槟城华人社会

1786 年英国殖民者在槟榔屿开埠,是马来半岛历史发展的一个重要关键时刻。这是英国人在马来半岛的第一个落脚点。随着 1819 年新加坡开埠、1824 年荷兰将马六甲交给英国,英国殖民者在马来半岛沿海已经有了三个重要的落脚点。1826 年,三地合并为海峡殖民地(Straits Settlements),归英属东印度公司管辖。

起初,槟榔屿是隶属于孟加拉总督和参议会管理下的驻扎管辖区,1805 年升级为一个同孟加拉、马德拉斯和孟买平级的省区,只隶属于印度总督的统一指挥。1830 年又降为孟加拉总督辖下的一个参政官辖区。1851 年又置于印度总督直辖。[①] 1867 年海峡殖民地划归殖民部管辖,成为皇家殖民地(Crown Colony)的一员,直至 1948 年并入马来亚联合邦。

伴随着槟榔屿开埠,包括华人在内的各族群大量涌入。槟榔屿是以资本主义为蓝本开拓的殖民桥头堡。因为东印度公司"腐化与吝啬的行政",导致其行政运作失灵,利益为少数资本家所垄断,尤其在烟、酒、嫖、赌等"饷码"(Farmer System)的运作下,市政名义上由行政长官统筹,实质上则由"甲必丹"所操纵;被招募前来的各地移民,大多各自栖身在"公司"或行会的保护伞下;除了拥有跨文化优势的"峇峇",以及善于跨界钻营的政商名流之外,大多数中下层的劳动阶级,往往以血汗营生,甚或以暴乱对抗环境的改变与压迫。

---

① [英]理查德·温斯泰德:《马来亚史》(下册),姚梓良译,北京:商务印书馆,1974 年,第 407—408 页。

在金权竞逐下，严重失衡的移民社会，始终维持着不均衡的发展态势，而优胜劣汰的资本主义竞争，充斥在19世纪中后期的整个东南亚。"槟榔屿地方"（Penang Local）是资本家权力竞逐的主要地方。

从广福宫碑刻可见，福建人与广东人虽然在槟榔屿开埠之初便共同分享商业与劳务机会，但是在19世纪20年代以前，财力雄厚的福建帮是占有绝对优势的。之后则是广东帮商人逐渐崭露头角，并且开始瓜分"饷码"。换句话说，从1786年槟榔屿开埠，历经一个世代的财富累积之后，广东帮群系开始具备与福建人抗衡的实力，槟城的华人社会也在此时渐渐迈向权力角逐与社群分化互为因果的不归路。

1800年成立的广福宫是华人内部的神庙组织，起着调解华人内部纠纷的作用。但是随着以方言群为基础的秘密会社争夺经济资源和饷码承包，加上方言群组织进一步扩展，巩固各自的势力，广福宫的作用被削弱了。1867年槟城大暴动和1872—1874年的霹雳拉律（Larut）战争，削弱了华人社会的凝聚力，广福宫排解华人社会内部问题的功能失效，无法执行创建时的宗旨与目标。[①]一些跨帮的组织本身也充满帮派的权力分配，其理事或是重要的领袖是按照各帮成员分配固定的席位。1881年成立的平章会馆，即是如此。平章会馆的成立，就是19世纪60年代以来，槟城的华人秘密会社之间不断冲突的结果。创馆之初，平章会馆的十四位理事，分别由福、广两帮各占七位，模仿广福宫的制度，拟恢复广福宫的精神。

但事实上，无论人数还是财力，福建人都是槟城首屈一指的。详细的海峡殖民地的人口调查数据，最早是1891年，虽然华人人口变动不居，很难有全面真实的数据，但是毕竟给我们提供了一个可参照的

---

① 拉律战争的前因后果及影响，参阅 Khoo Kay Kim, *The Western Malay States 1850-1873: The Political Effects of The Growth of Economic Activities*, Kuala Lumpur: Oxford University Press, 1975, pp.159-175。

数字。把 1901 年和 1911 年的数据也放在一起，就有一个比较直观的比较。

表 1-1 槟城 1900 年前后华人方言群人数一览

单位：人

方言群＼年份	1891	1901	1911
福建	24,246 (27.5%)	29,072 (29.8%)	54,528 (49.2%)
广东①	17,400 (19.7%)	18,355 (18.8%)	22,575 (20.4%)
海南	2,850 (3.2%)	2,880 (2.9%)	4,166 (3.7%)
客家	7,216 (8.20%)	7,951 (8.1%)	12,898 (11.6%)
潮州	19,218 (21.8%)	15,085 (15%)	16,482 (14.8%)
福州	——	661 (0.6%)	——
侨生	16,981 (19.3%)	23,500 (24.1%)	——
总计	87,911 (100%)	97,504 (100%)	110,649 (100%)

资料来源：J.R. Innes, *Report on the Census of the Straits Settlements 1901*,p.68.

J.E. Nathan,*The Census of British Malaya 1921*, pp. 79–83.

---

① 在英殖民政府调查数据里，Cantonese 代指操粤语（广东话）者，虽被称为"广东人"但并非"广东省人"；Hokkien 代指操闽南语者，虽被称为"福建人"，但并非"福建省人"。

从表格中的数字可见，福建人的比例从1891年开始的27.5%，很快增长到1911年的49.2%，几近一半。无论是说广东话的广府人，还是潮州人，都无法单独和福建人竞争，尤其是潮州人人数比例下降很快。所以广府人只有和潮州人、客家人联合起来，才能形成一股势力。这也就是为什么槟城有福建公家，相对应的不是"广东公家"，而是"广东暨汀州公家"，汀州南来的是客家人，在这个时候，和说闽南话的漳、泉为主的福建人并不在一个阵营里。据麦留芳的论证，福帮在槟城的财力无人能出其右。他根据各帮捐款的数额论证，广东人的经济实力只有福建人的十三分之一，和新加坡的广东人相较，他们面对更为强大的福建人的压力。[①]在某种程度上，汀州客家人在这时候纳入了广东帮的认同范围内。极乐寺创建的19世纪90年代，就面对着这样一个被方言群所笼罩的华人社会。

二、妙莲法师与极乐寺的创建

马来西亚最早的华人庙宇是马六甲的青云亭，其次就是1800年创建于槟榔屿椰脚街的广福宫。广福宫是1800年广东人和福建人联合起来创建的。创建碑文称："先王以神道设教，其有功斯世者，虽山隔海溲，舟车所至者，莫不立庙，以祀其神。"[②]该文并未指出是什么神明，也未提到任何与佛教有关的含义。1824年碑文称："槟榔屿之麓，有广福宫者，闽粤人贩商此地，建祀观音佛祖者也，以故宫名广福……重建后进一座告成后，载祀列圣之像于中，旁筑舍以住僧而整顿之。"[③]此时方正式确认主神为观音佛祖，并且有了常驻僧侣。出

① ［新加坡］麦留芳：《方言群认同：早期星马华人的分类法则》，台北："中央研究院"民族学研究所，1974年，第149—180页。
② 《创建广福宫碑记》，［德］傅吾康、［美］陈铁凡编：《马来西亚华文铭刻萃编》第二卷，吉隆坡：马来亚大学出版部，1985年，第526页。
③ 《重建广福宫碑记》，［德］傅吾康、［美］陈铁凡编：《马来西亚华文铭刻萃编》第二卷，第532页。

于"神道设教"的目的，各种华人神庙也于19世纪在槟榔屿陆续建立起来，形成华人社会的信仰版图。

虽然海峡殖民地的华人庙宇有僧侣，但是多为获得香资维持庙宇内的牌位香火，同时进行法事以供华人丧葬之超度礼仪而存在。这是世俗化的佛教，并无对佛教本身教义的传播，根本无法起到发展佛教的作用。振兴佛教或传播佛教，往往都要有高僧大德在场，原因就在于佛教的精髓在于其佛法，非有长时间的修行是无法达到的。随着华人南来人数越来越多，发达起来的华商也开始通过对桑梓的捐赠，来获得家乡的声望，以及清政府的封赠。

除了传统神庙的拜拜和迎神赛会活动，一些福州的佛教僧侣开始到南洋各地弘法和募化。根据现存于福州怡山西禅寺的铭刻，监院微妙法师在1884年至1886年以槟城为根基，向南洋福建帮侨领与商贾筹募经费，并将所募巨款运回中国福州重建西禅寺。其后，鼓山涌泉寺方丈妙莲法师（1845—1907）于1887年到达槟榔屿，受邀驻锡广福宫。他的另一个任务是要挽回因先前僧侣不守清规而被破坏的广福宫的声誉。①

妙莲法师是驻锡南洋的第一位高僧。首先来看妙莲法师所来的鼓山涌泉寺。涌泉寺，位于福州市东郊，闽江北岸鼓山白云峰之南麓。涌泉寺因寺前有罗汉泉涌出地面而得名。原为一积水潭。五代梁开平二年（908）闽王王审知填潭建寺，请名僧神晏来居。北宋咸平二年（999），宋真宗赐额"涌泉禅院"。明永乐五年（1407）定名为涌泉寺。该寺建筑严格按照汉传佛寺的规制，排列在中轴线的主要建筑有：天王殿、大雄宝殿和法堂。东西两侧，分别建有钟楼、鼓楼、印经楼、宝积仓、学戒堂、弥陀厅、圣箭堂、如意堂、念佛堂、白云堂、斋堂、

---

① 邝国祥：《槟城散记》，新加坡：星洲世界书局有限公司，1958年，第12、13页。

图 1-1 福州鼓山涌泉寺（2015 年 3 月 26 日，宋燕鹏摄）

祖堂、观音阁等。①

　　寺内保存的北宋陶塔、铜铁大锅、近万块佛经、佛像木雕板，闻名海内外。寺外的数百处摩崖石刻，也很有价值。该寺富庋藏，收集有明代南北藏、清代龙藏、日本续藏两万卷，明清两代本山高僧元贤、道霈著述七千五百多册，明清经版万余方，苦行僧刺血写经六百七十五册。民国前期即被日本学者称为"中国第一法窟"②。弘一法师于 1929 年 4 月间，游鼓山，于涌泉寺藏经楼发现清初刊本《华严经》及《华严经疏论纂要》，叹为近代所稀见。

　　妙莲法师，"本姓冯，闽之归化人，父书泰以茂才出家怡山，好放

---

① 罗哲文、刘文渊、韩桂艳：《中国名寺》，天津：百花文艺出版社，2006 年，第 176、177 页。
② 林应麟：《福建书业史——建本发展轨迹考》，厦门：鹭江出版社，2004 年，第 653—655 页。

图 1-2 槟榔屿极乐寺风景，寺为全埠华人最美丽之建筑物（图片来源：《图画时报》第 485 期，1928 年，第 3 页）

生，母杨氏，亦禀优婆夷，戒师少勤于商，事母尽孝，年三十三复省亲怡山，父谓之曰：汝时至矣，缘在石鼓，勿自弃也。师遂出家鼓山，礼奇量和尚为师，越年受具足戒于本山怀忠和尚，师性行慈柔，见者喜悦，值鼓山大殿颓坏，乃孑身往台湾等处募资助修，旋领监院职。甲申，量公以老退，众乃举师继方丈任"[1]。他自称"幼托空门，勤功面壁。方丈鼓山涌泉者，念（廿）余载"[2]。可知妙莲法师已然成为千年名刹的方丈，承临济宗第四十二世法脉。相比之前马来半岛的佛教僧侣，无论是其佛教地位，还是佛学修养，妙莲法师都是当时一位极具佛教地位和影响的高僧。他的到来，给槟榔屿汉传佛教带来一股清风。

由清幽的鼓山涌泉寺来到槟榔屿闹市区的广福宫，修行环境的落

---

① 释宝慈：《槟城鹤山极乐寺志》卷二《沙门·妙莲和尚传》，白化文、张智：《中国佛寺志丛刊》第 99 册，扬州：广陵书社，2011 年。

②《张煜南颂德碑》，[德] 傅吾康、[美] 陈铁凡编：《马来西亚华文铭刻萃编》第二卷，第 650 页。

差是非常大的。不仅位置喧嚣，而且与涌泉寺相比寺庙的规模差距也是非常大的。由《鼓山志》卷七可知涌泉寺的产业遍布鼓山。而广福宫之逼仄，实在是令人难以忍受。"广福宫庙居屿市，地狭人嚣，苟非动静一如之士，便生挂碍，莲师苦之"，所以，为长远计，妙莲"于是刺履选胜，杖策寻幽，遂于亚逸淡〔亚依淡〕山中而得本寺地址"①。亚依淡（Ayer Itam）"山秀水清，峰排海绕，幽静迥异寻常，最足为藏修参禅之所"②。最终是另觅适宜修行的净土，于是有了后来的极乐寺。

志在奉法的妙莲法师，后来征得福建人杨秀苗同意，于1891年购下他于亚依淡山坡的别业，作为建寺修禅之所。他邀同得如、本忠二位法师南来协助筹募经费和监督建寺的工程。1893年9月该地产得到殖民政府的确认。③极乐寺的创建并不是一蹴而就的，内部建筑是在不同的时间分别修建的。

极乐寺从1894年建地藏殿开始，一直到1907年还在不断进行修建工作。1894年最先建的是地藏殿和福神祠，地藏殿一般是汉传佛寺的主要配殿，但是极乐寺为何会最先建设地藏殿？据《极乐寺志》云"其两旁为僧寮"，可知地藏殿附近是僧房所在，对于初来乍到的妙莲法师及其同行，解决住宿问题和吸引信众前来，是面临的两个燃眉之急。地藏殿所供奉的是地藏菩萨，哪里有地狱，哪个地方最苦，哪里就一定会有地藏菩萨在度众生，地藏菩萨的本愿力就是"地狱不空，誓不成佛"，受这种大悲愿力的熏习，以及众生得度的机缘成熟，地藏菩萨与娑婆世界五浊恶世的众生法缘特别殊胜。④因此，在19世

① 释宝慈：《槟城鹤山极乐寺志》卷七《外记·极乐寺缘起述略》，白话文、张智：《中国佛寺志丛刊》第99册。
② 《张煜南颂德碑》，[德] 傅吾康、[美] 陈铁凡编：《马来西亚华文铭刻萃编》第二卷，第650页。
③ Benny Liow Woon Khin, "Buddhist Temples and Associations in Penang,1845-1948", *Journal of the Malaysian Branch of the Royal Asiatic Society*,Vol.62,No.1(256)(1989),p71.
④ 释大愿讲述：《大愿说地藏法门》，北京：宗教文化出版社，2012年，第355页。

图 1-3 南洋槟榔屿之极乐寺（为华侨所建）（图片来源：《新亚细亚》第 8 卷第 5 期，1934 年，第 13 页）

纪的南洋华人心目中，地藏菩萨具有无可比拟的吸引力。福神祠"其左为僧寮"，成为极乐寺最早的建筑景观。处理生死大事是当时僧侣与民众接触的最主要因缘。佛教超度法会中最常供奉地藏菩萨，故极乐寺最先建立地藏殿也有其社会和宗教的功能和意义。

　　第二年（1895），创建了天王殿和驻锡亭。天王殿是进入山门后的第一个建筑，左右两边为四大天王塑像，中间供奉弥勒佛，弥勒佛背后则为韦驮菩萨，这成为辨别汉传佛寺的主要标志之一。驻锡亭在地藏殿后，是妙莲"驻锡"于槟榔屿的自我纪念。修好天王殿后，经过两年的积累，才在 1897 年修建主殿——大雄宝殿，供奉释迦牟尼佛。1898 年在大雄宝殿后修建法堂，法堂是寺院中仅次于大雄宝殿的重要建筑，位置一般在寺院中心线佛殿后面，方丈的前方。法堂也称讲堂，是僧人讲演佛法、举行受戒仪式和重要集会的场所。1899年建藏经楼和东西客堂，藏经楼"在法堂上，供前清德宗所赐《大藏

图1-4 今日极乐寺门（2013年12月5日，宋燕鹏摄）

经》若干卷，分贮六橱"，东西客堂"在大雄殿前两庑，分别款待男女客之所者也"。1901年建海会塔，"在本寺后山……入寂诸僧火化后，骨灰皆藏于此"。

　　除了上述有形建设外，妙莲法师还有更重要的一个举措。1902年，妙莲法师辞去涌泉寺方丈职务。1904年，妙莲法师进京觐见慈禧太后和光绪帝，请来御赐藏经两部，分别贮存于槟城极乐寺和漳州南山寺。光绪帝并赐法衣和"钦命方丈""奉旨回山""钦赐龙藏""敕赐极乐禅寺""万寿无疆"等牌匾。现在极乐寺还有慈禧太后题的"海天佛地"和光绪帝题的"大雄宝殿"等匾额。到这时极乐寺才算是获得了国家权力的最终认可。妙莲法师用自己的努力，将极乐寺打造成和鼓山涌泉寺一样为朝廷承认的寺院，并且取得皇太后和皇帝的亲笔牌匾作为寺院自身的社会资源。这对清末海外华人来说，影响是不可估量的。

三、极乐寺的创建与槟城客家领袖之关系

寺院创建，从来都不只是僧侣独自经营的事情，而是需要信众的捐赠，以及士绅的大力协助。晚明开始，地方士绅的财富开始大量流向寺院，这造就了各地具备地域影响的寺院，并且地方官员也乐于将寺院作为和地方士绅接触的场所。带有国家力量意味的地方官员和退休官员，以及本地士绅，就构成了寺院无形的保护伞。[①] 与地方官员和士绅维护关系，才能保护寺院，来自中国福州涌泉寺的妙莲法师应深谙此道。在很多情况下，寺院的住持僧侣是代表佛教寺院与世俗社会接触的管道。

鼓山涌泉寺里的北宋以降的官员士人摩崖题字比比皆是，对这些来访者来说，留下自己的墨宝有传世的效用，而对涌泉寺来说，又何尝不是一块块无形的资产？在与这些官员和士人的交往中，涌泉寺获得了巨大的发展。官员题字成为寺院的保护伞，士人题字成为文化资源。在很多情况下，官员与士人的身份往往又是合一的。妙莲法师来到槟榔屿后不久，就发现了一大批类似身份的人。这就是那些有清朝官衔的华商。

清朝政府为财政上的需要，对华侨推行卖官鬻爵政策。如此卖官的目的，部分是要帮助救济中国受天灾的灾民，部分却旨在诱使海外臣民倾向中国，保存中国的传统，并促使他们在政治上保持忠诚。星马华侨对这种"皇恩"表示欢迎，因为他们过去一向遭受清朝政府的歧视。大多数官衔，是以捐献某种救济金的方式购买的。所捐之官有四种：捐虚衔、捐出身、捐加级、捐封典；不过实质的官职或出身却不鬻卖，

---

① ［加拿大］卜正民：《为权力祈祷：佛教与晚明中国士绅社会的形成》，张华译，南京：江苏人民出版社，2005年，第311—328页。

所以华侨仍被拒于清帝国的官场体制之外。虽然清朝于1893年改变对海外臣民的传统政策，但实际情况依然如旧。这种排斥，部分是由于太多的人，准备取得有限的官职，部分却是清朝的传统政策造成的。对华侨本身来说，他们在心理上有购买清朝官衔的强烈需求。这种需求，部分起于光宗耀祖的传统价值观；部分则与官衔所带来的社会声望有关。但是最重要的，还是清朝的官衔，有助于承认和确认一个人在华族社会的实际领导地位和潜在领导地位。[①]

上述具有清朝散官官衔的华商，虽然并没有真正进入清朝的官场体制，却很容易被社会接纳为具有政治资本的人。在这些人之外，以槟榔屿副领事政治地位最高。

清政府在新加坡设置领事，始于光绪三年（1877），任命当地华商胡璇泽为领事，但只是处理新加坡一地事务。1880年12月，升为总领事馆，兼辖槟榔屿、马六甲及英属各岛屿交涉事宜，并在槟榔屿设置领事馆。首任总领事为著名诗人黄遵宪，首任槟榔屿副领事为当地华商张弼士。张弼士并非由科举而进入仕途者。清政府任命他为槟榔屿副领事，是看中了他在南洋华侨中的地位和影响。在清朝的官制中，领事可以归入有实际差遣的职事官，而其他海外华侨因捐赠而授予者皆为无实际差遣的散官。从这个意义上说，槟榔屿在1890年后就形成了以槟榔屿副领事为首以及拥有清朝散官的华侨上层。而参与极乐寺修建的大总理皆为客家人。

不少学者忽视了妙莲法师的籍贯意义，他是福建省归化县（1933年改名明溪县）人。归化县是福建省的纯客家县之一，客家民系形成的主要地域是闽西、赣南和粤北，而归化县就处于这块区域之中，从

---

① ［澳］颜清湟：《海外华人史研究》，新加坡：亚洲研究学会，1992年，第1—15页；黄建淳：《晚清新马华侨对国家认同之研究——以赈捐投资封爵为例》，台北：海外华人研究学会，1993年，第239—339页。

方言、民俗，乃至姓氏的迁移来看，都属于典型的客家县。在客家民系形成中，客家方言也在这块地域同步形成。① 清末的归化县就属于客家县，妙莲法师出身客家毫无疑问。妙莲法师来到槟榔屿，虽然应平章会馆的邀请驻锡广福宫，但毕竟乔治市以福建帮为主，对一个说客家话、来自福州的僧侣来说，他所适应的环境，却是以客家人为主的一个社群。

表1-2 1906年极乐寺功德碑有官衔者捐银一览

姓名	官衔	捐银数目
张振勋	诰授光禄大夫、商务大臣、头品顶戴花翎、侍郎衔、太仆寺正卿	3.5万元
张煜南	覃恩诰授光禄大夫、赏换花翎、头品顶戴、候补四品京堂、前驻扎槟榔屿大领事官、大荷兰国赏赐一号宝星、特授大玛腰、管辖日里等处地方事务	1万元
谢荣光	钦加二品顶戴、布政使衔、槟榔屿领事、尽先选用道	7000元
张鸿南	覃恩诰授荣禄大夫、赏戴花翎、二品顶戴、江西补用道、大荷兰国赏赐一号宝星、特授甲必丹、管辖日里等处地方事务	7000元
郑嗣文	花翎二品、封职候选道、加四级	6000元
戴春荣	钦加二品衔、赏戴花翎、候选道	3000元

资料来源：极乐寺《功德碑》(一)，[德]傅吾康、[美]陈铁凡编：《马来西亚华文铭刻萃编》第二卷，第652页。

张振勋，字弼士，广东大埔人。幼年因家境贫寒漂洋过海，流落到了荷兰所属的巴达维亚。到19世纪末就已经成为当时南洋华侨中

---

① 张长河：《明溪纯客家县的界定》，载中国人民政治协商会议文史资料编辑室、福建省明溪县委员会文史资料编辑室编《明溪文史资料》(第十五辑)，2003年，第67页。

首屈一指的巨富和德高望重的侨领。1892年清政府委任张振勋为槟榔屿首任副领事，并于1894年继任新加坡总领事，从此他走上了亦官亦商的道路。经李鸿章推荐，张振勋回国先后任粤汉铁路帮办、总办等职。光绪皇帝也多次召见他，并采纳其抵制洋货，发展实业，兴办铁路"事权自掌，利不外溢"的建议，授予他太仆寺卿，并赐头品顶戴等诸多荣职。在海外华人中，他属政治地位最高者，不仅是官衔品级高，还在于受到过光绪皇帝的多次召见，这足以使他成为槟榔屿华人的荣耀。

张煜南，号榕轩，1851年（清咸丰元年）生于广东梅县贫苦农民之家。童年在家乡读过几年私塾。稍长即随父亲在松口墟作米谷小商，难得温饱。当时海禁初开，梅县、蕉岭一带乡民多出洋谋生，经商致富的也大有人在。对此，张煜南心向往之，遂征得父亲同意，于1868年只身南渡谋生。先到英属马来亚的槟榔屿，后转赴荷属东印度苏门答腊的棉兰。当他站稳脚跟后，即招弟鸿南南来，同在张弼士手下做事，次第提拔为高级职员。后二人自立门户，先后担任荷兰人任命的甲必丹和玛腰，成为南洋华侨中的佼佼者。[①]他在1894年7月到1898年5月任槟榔屿副领事。

谢荣光，原籍广东梅县，1847年出生于坤甸，成年后到苏门答腊谋生，因有功于荷兰人，先后被封为雷珍兰和甲必丹，成为当地华侨领袖。1890年左右移居槟榔屿，与女婿梁碧如（即接任槟榔屿副领事的梁廷芳）经营霹雳矿山，也与张弼士在彭亨州的文冬（Bentong）等地合作开矿。他与张煜南是儿女亲家，因此张煜南号召进行的潮汕

---

① 严如平、熊尚厚：《中华民国史资料丛稿民国人物传》第八卷，北京：中华书局，1996年，第351—353页。

铁路建设事宜，也积极参与。[1] 在 1898 年 5 月至 1903 年 1 月、1906 年 12 月至 1907 年 12 月两任槟榔屿副领事。

槟榔屿副领事由张弼士担任首任外，张煜南、谢荣光、梁廷芳、戴春荣也都以客家同乡和姻亲的关系先后继任，形成了槟榔屿后来居上的客家社群领袖群体。形成这种局面的前提，是 19 世纪后期客家人开始大量进入槟榔屿。这一批在荷属东印度崛起的客家华商，在进入槟榔屿后，借由清朝直接任命的槟榔屿副领事的职务，获得了具有相对优势的政治资源。围绕着客属槟榔屿副领事，客家富商也多有联合，比如极乐寺大总理之一的郑嗣文，就是著名的霹雳州华人甲必丹郑景贵（1821—1898），他是惠州客家，虽然立功德碑时他去世数年，但依然把他列为第五位捐赠者。[2] 可见在 1900 年前后，客家人因方言形成了一股不可忽视的势力。这一点，妙莲法师应当是清楚地看出来的。

客家人虽然分处福建和广东两省，但是在槟榔屿的福建省客家人主要来自汀州，已经被纳入了广东人的阵营，因此妙莲法师因方言的亲近，而首先与槟榔屿的客家人社群建立了联系。并且在日常交往中，他与客家社群的接触也较多。

> 当创始之秋，草架茅舍，借以蔽风雨，奉大士焉。方丈几费心力，谋建筑卒未得人集款，莫能举动为憾。适侍郎公权槟领事篆，方丈欣然曰：公来，寺之幸福耶！抑如须达拏布金，使精舍得以有建耶！遂殷殷以此举相属望。公政暇来游，深以

---

① 参见［马来西亚］张晓威《近代中国驻外领事与海外华人社会领袖角色的递换——以驻槟榔屿副领事谢荣光（1895—1907）为例》，《（台湾）政治大学历史学报》第 22 期，2004 年。
② 对极乐寺碑文的分析，可参看［马来西亚］张少宽《槟榔屿华人史话》，吉隆坡：燧人氏事业有限公司，2002 年，第 295—301 页。

地势优美为赞，曰：曷不提倡缔造乎？方丈曰：固所愿也，正有待于公耳。公毅然认巨资，谋厥成，更得张公振勋、谢公荣光、张公鸿南、郑公嗣文、戴公春荣诸慈善暨闽粤绅、商等，好行其德，捐输而襄其事，始渐次扩充，而底以有成也。[①]

可知妙莲法师在起初经营时候不如意，经费无着，无人捐款。笔者推论这是他的客家人的身份在槟城并无市场。但是恰好"侍郎公权槟领事篆"，即张煜南任槟榔屿副领事。他来槟榔屿后，即与妙莲法师建立了良好的关系。张煜南发迹后，热衷功名，以 10 万两白银，捐得清朝候补四品京堂虚衔，从此亦官亦商，踌躇满志，附庸风雅，吟诗写字，居常专练"福寿"两字，裱成斗方酬赠亲友。[②] 而中国传统寺院的高僧，往往也有很好的文化修养，因此妙莲法师以"谈佛经，说因果"而获得了张煜南的信任。张煜南对极乐寺有重要贡献，"因慨胜景之待兴，尤冀佛光之普照。遂于乙未之岁，购地福园一区，施之本寺，为香火业。既而又作布金之施，复尽提倡之力。其时以源泉无出，饮濯维艰；浴僧之举无成，奉客之茶几乏。旋而探悉后山有瀑，其清且洁。公又购其园坵，施之本寺。更以铁管导泉，入笋厨，时在庚戌夏月，因名之曰保榕，所以志德也"[③] 最终张煜南以其身份为号召，形成六位客家人任大总理，有广、福两帮参与的极乐寺的捐赠格局。

1906 年极乐寺功德碑所记录捐赠总额为 21 万零 3 元。其中六位大总理捐赠合计为 6.8 万元，几占捐款总额的三分之一。如果再加上

①《槟城极乐寺碑记》，[德]傅吾康、[美]陈铁凡编：《马来西亚华文铭刻萃编》第二卷，第 664 页。
② 严如平、熊尚厚：《中华民国史资料丛稿民国人物传》第八卷，第 351—353 页。
③《张公煜南纪功碑》，[德]傅吾康、[美]陈铁凡编：《马来西亚华文铭刻萃编》第二卷，第 666 页。

图 1-5 极乐寺六大总理捐献功德碑（2013 年 12 月 5 日，宋燕鹏摄）

如刘金榜（南靖县,4000 元）[1]、胡子春（永定县,2000 元）、梁廷芳（梅县,2000 元）、李桐生（梅县,2000 元）、姚克明（平远县,2000 元）、伍百山（新宁县,1200 元）、谢学谦（谢荣光之父,1000 元）等其他

① 刘是有官衔者，但在此碑上没有显示，可能是以免喧宾夺主之嫌。他于 1898 年捐巨资创修了新加坡双林寺，寺内其落款有"例授道议大夫、赏戴花翎、候补道"和"赏戴花翎、钦加二品顶戴"等衔。见［新加坡］柯木林《柯木林卷：石叻史记》，新加坡：青年书局，2007 年，第 105—116 页。此处"道议大夫"为"通议大夫"之误。

客家华商的捐款，客家人在极乐寺的捐款比例就会更高。他埠的客家人，也有捐赠。如吉隆坡最后一任华人甲必丹叶观盛，是广东台山县赤溪客家人，也捐赠了 500 元。当然这次捐赠也有大量福建人参与进来。比如福建永春籍的颜五美捐银 3000 元，海澄邱汉阳亦捐银 3000 元，他是建德堂（即大伯公会）的大哥邱天德的哲嗣，亦获清廷授"候选道、加三品衔"。将地产售于妙莲法师的闽商杨秀苗也捐赠了 500 元。连马六甲青云亭亭主陈若淮也捐银 200 元，陈为福建永春籍。广府人著名者如余东旋，是著名的"余仁生"的创始人余广之子，也是著名的矿家，捐赠了 200 元。

如果说这次捐赠是客家人有意为之，或者说是通过捐赠加强了槟榔屿的客家意识，笔者认为这是过度解释。客家人对自身的社群认同发生在客家从嘉应州和惠州向西部迁徙中，其中夹杂着争夺资源的进程，以致爆发"土客大械斗"。而南迁到槟榔屿的客家人，则处于比华南更为复杂多变的华人社群中。在槟榔屿华人社会的社群概念里，闽南人构成福建省人主体，相对应的，就是广府、潮州、海南、惠州、嘉应构成的广东省人。而由于闽南人的强烈排斥，福建汀州客家人无法埋葬进福建公冢，只好投靠广东省人，这就构成了广东暨汀州公冢的基本架构。不仅乔治市是如此，吉打州和槟榔屿西部的浮罗山背的华人社群结构也是如此。[1] 客家人都是在广东暨汀州的社群框架下活动。英国人的人口调查以方言为依据，凸显了客家人的存在，但是客家人的意识里，自己还是广东人，极乐寺的碑刻中，1904 年时张煜南题字落款署"广东张煜南"。[2] 此时在平章会馆的董事名额分配上，也是广、福两帮平均名额，客家人也是在广东人的大旗下开展活动，他

① 宋燕鹏：《跨越地缘、混合方言与认同边界：19 世纪以来槟榔屿广东暨汀州社群的形塑途径》，《厦门大学学报（哲学社会科学版）》2021 年第 5 期。
②［马来西亚］张少宽：《槟榔屿华人史话》，第 297 页。

们更多的被认为是广东人，不被看作独立的客家帮群。早期福建公冢的控制权在漳州海澄县人手里，特别是四大姓：陈谢林邱，他们不准操客家话的汀州府乡民下葬，甚至连同属漳州的诏安县客家也不允许下葬。一直到 1886 年李丕耀开辟峇都眼东（Batu Gantung）福建公冢允许客家及诏安人下葬后，这种情况才有所改变。但是诏安人埋葬在广东暨汀州公冢的要求一直到 1929 年还有，但这时已经被拒绝了。①更为有意思的是，在槟榔屿韩江家庙中的匾额"九邑流芳"，与马来西亚其他地域的"潮州八邑"的称呼相区别，因为槟榔屿潮州社群将客家大埔县纳入，没有因方言不同而排除它。大埔县是潮州府所辖唯一较纯客家县。这说明在槟榔屿，省级行政区划的籍贯认同在某种程度上已经超越了方言认同。

第二节　20 世纪初槟榔屿极乐寺与
中国文人的交往及其形象塑造

槟榔屿位于马来半岛西北侧，是东南亚海域的一座历史名城，南北长 24 千米，东西宽 15 千米，面积 285 平方千米。1786 年英殖民者开埠之后，就有大量华人南迁于此，很快形成了不同籍贯的华人社群。华人南来，带来了不同的神祇信仰，也带来汉传佛教。早期南来的华侨移民，多数为非知识分子阶层的商人和苦力劳工，僧侣有南来者，但是为信众提供的，多数只是应付华人丧礼和一般祈福经忏的法务。比如在 17 世纪后期创建的马六甲青云亭和 1800 年创建的槟榔屿广福宫都有福建南来的僧侣，但限于当时的环境，他们大多数只隐身

---

①［马来西亚］郑永美：《槟城广东第一公冢简史（1795）》，［马来西亚］范立言主编：《马来西亚华人义山资料汇编》，吉隆坡：马来西亚中华大会堂总会（华总），2000 年，第 42 页。

于华人的传统香火庙宇中，真正意义上的汉传佛寺并未一起出现。直至 19 世纪末年，随着福建高僧的南来，以来自福州怡山西禅寺的微妙禅师和鼓山涌泉寺的妙莲法师为代表，佛教才开始在槟榔屿得到真正的传播。1891 年在妙莲法师的努力下，第一座汉传佛教寺院——极乐寺在槟榔屿亚依淡开始创建，经过十几年努力，直至 1905 年最终落成。极乐寺就成为南洋汉传佛教进入发展新阶段的标志。宋明以来的中国文化传统里，佛教寺院从来都不是单纯的宗教场所，同时也是僧侣和俗世交往的场域。随着数量可观的中国文人在晚清逐渐南下聚集在槟榔屿，清末槟榔屿成为马来半岛中华文化最兴盛的区域。极乐寺僧侣必然要和这些中国文人产生交往，并且文人通过文字记述对极乐寺的形象做了自己的"塑造"。

一、槟榔屿极乐寺僧侣与中国文人的互动

早期极乐寺的僧侣皆来自福建鼓山涌泉寺，因此极乐寺从创建之始就是涌泉寺的下院。佛教寺院与官员士人的频繁交往，缘于宋代以降佛教寺院获得大量财物和土地捐赠，且出家为僧也成为社会的一种职业选择，在福建尤盛。在经历了明代前期对佛教的限制之后，"居士佛教运动扎根并蓬勃发展。这种复兴的主要境遇，是地方士绅的形成和扩张。正是他们捐助寺院，供养僧侣，使佛教信仰呈现了数世纪以来未曾见到的规模。佛教复兴和士绅之间的关联十分密切而广泛"①。晚明佛教世界为了向士绅社会积极靠拢，也在文学上找到了共同点。佛教僧侣在文学上的造诣也日渐提高，出现了和士绅之间的文学互动，由此在无形中建立了和士绅社会的友谊。士绅由于在地方上具有

---

①［加拿大］卜正民：《为权力祈祷：佛教与晚明中国士绅社会的形成》，第 3 页。

较高的社会地位与政治身份，也就变成了佛教寺院潜在的保护者。①
无论是佛教世界融入士绅社会，还是士绅进入佛教世界，抑或是佛教世界需要士绅社会的支持，士绅社会需要佛教寺院的风景，二者在晚明通过诗歌唱和的文学形式，在精神层面上取得了一致。直至清末民初，寺院和地方文人还保持着这种关系。鼓山涌泉寺僧侣和官员士人的交往，也属于这种关系。

虽然妙莲法师并未有多少诗文传世，但我们并不能否认他在佛法修行和文学修养上的才能。从确切资料可知，妙莲法师在鼓山任方丈时，宝安戴性就曾来访，并在更衣亭朝南的摩崖上留下题刻。"光绪戊戌仲夏，携樵、铸二儿随容君建邦、黄君子勋重游石鼓，会妙莲方丈，倾谈佛偈，畅悟禅机，偶成俚句，以志雪泥鸿爪云：'五次登临三十年，红尘世事我茫然。前程路上行不尽，欲与闲云乐此天。'宝安戴性题。"②光绪戊戌年，即1898年，可知这年夏天妙莲法师身在鼓山。妙莲法师从福州鼓山来到槟榔屿后不久，就发现了一批类似中国士绅的人，其中以清政府槟榔屿副领事为首。

在留有诗文的槟榔屿华商中，张煜南、张鸿南兄弟比较突出。兄弟二人为广东梅县人，早年家贫，鸿南读书仅两三年，煜南在村中训蒙，而后南来荷属东印度谋生，并从此起家。从张煜南后来辑录《海国公余辑录》来看，他还是有一定文化水平的。在张弼士去世后，张煜南继任槟城副领事。"每来槟屿，辄于极乐寺盘桓竟日，若不忍去。好谈因果，亦通教义，与本忠禅师最称莫逆。而忠师亦最敬服之。"③极乐寺创建时，张煜南"购地福园一区，施之本寺，为香火业。继

① 陈玉女：《明代佛门内外僧俗交涉的场域》，台北：稻乡出版社，2010年，第25—38页。
② 题刻现存鼓山更衣亭朝南摩崖上，笔者于2016年3月26日亲眼得见。录文另见林和等编《鼓山石刻》，福州：海风出版社，2002年，第10页。
③ 释宝慈：《鹤山极乐寺志》，《中国佛寺志丛刊》第99册，第225页。

图 1-6 极乐寺张煜南题字

（2013 年 11 月 5 日，宋燕鹏摄）

而有作布金之施，复尽提倡之力"①，捐银一万元，为极乐寺五大总理之一。张煜南不仅有佛学修养，还有一定文才。极乐寺现存有他的诗作。他说："光绪甲午冬，余于日哩甲必丹署理槟榔屿领事官两处兼权，徒劳跋涉，公余之暇，辄与同人杨善初往阿逸意淡与极乐寺方丈妙莲谈佛经说因果，不觉俗虑顿清，赋此以志鸿爪：'世味年来已淡然，每逢佳处辄参禅。地因静僻人踪少，山到幽深鸟语圆。佛火一龛明我性，钟声半夜起龙眠。宦途仆仆劳何补，妙谛同参证妙莲。'"②首句化用陆游《临安春雨初霁》首句"世味年来薄似纱"，暗含着作者对时间的感伤，由此方"辄参禅"。其弟张鸿南虽未有诗文传世，但"方外友惟本忠禅师一人……性聪慧，深信因果……本寺法堂即其独自捐建者也。后又与张公弼士提倡兴筑弥陀佛塔，公首捐二万五千元，为初层费"③。

另一个重要的文人是陈宝琛（1848—1935），福建闽县螺洲人，是清朝末帝溥仪的老师。陈宝琛13岁中秀才，18岁中举人，21岁中戊辰科进士，选翰林院庶吉士，官至内阁学士兼礼部侍郎。后因故连降九级，从此赋闲居家达25年之久。辛亥革命后仍为溥仪之师，1935年卒于北京。他和鼓山涌泉寺一直保持着很好的关系。光绪十四年（1888）涌泉寺重建法堂落成时，他撰对联："能度众生，岂独潭龙知听讲；愿闻一喝，长教海水不扬波。"落款是"前内阁学士兼礼部侍郎衔"④。赋闲期间，他参与了漳泉铁路的修建，并积极募捐，其中光绪三十二年十月（1906年11月）他到新加坡、马来亚、印尼等

---

① 《张公煜南纪功碑》，[德]傅吾康、[美]陈铁凡编：《马来西亚华文铭刻萃编》第二卷，第666页。
② 释宝慈：《鹤山极乐寺志》，《中国佛寺志丛刊》第99册，第177页。释宝慈将此诗误记为张鸿南作。而张鸿南未曾担任槟榔屿副领事。他在张煜南的传记中也说"尝任槟榔屿领事官"。星洲日报社编《星洲十年》第一编《政治》第七章《我国驻马来半岛侨务行政组织》中，将槟榔屿领事第二任误作张鸿南氏。该书见《近代中国史料丛刊续编》第44辑，台北：文海出版社，1977年，第182页。
③ 释宝慈：《鹤山极乐寺志》，《中国佛寺志丛刊》第99册，第232—233页。
④ 该对联现存涌泉寺法堂门口石柱上。2016年3月26日，笔者录自福州鼓山涌泉寺。

华侨中募集了一百七十余万元资金，成果颇丰。[1] 当月，他抵达槟榔屿，到极乐寺游访，因为这是他的故交妙莲法师创建的。他以"听水翁"署名写了一首《留念妙莲长老》："龙象真成小鼓山，廿年及见请经还。何期六十陈居士，听水椰林海色间。"[2] "龙象"指高僧或罗汉，这里指妙莲法师。首句谓极乐寺真的变成和鼓山一样的佛寺。"廿年"，指妙莲法师从初次下南洋募捐，到请回《龙藏》，喻相隔很久，最终实现。

第二位极乐寺住持本忠法师是否诗文皆佳，暂无资料证实，但其个人之风度，则是斑斑可考："寺内那位大和尚，法号本忠，这个师傅端的有本事，所有庙内的财产统是由他一手创办成功……倘是有学问的人游寺，本忠可以滔滔不绝的，和你谈学问上的问题；倘是外国人到了，他咕噜咕噜的，可以讲很清透的洋话；倘是别处的大和尚到呢，他亦可以'法华''楞严'一派的，佛典佛谜谈的津津有味，舌灿莲花；倘是政治家到呢，他可以讲国富民强的道理，直令人不得不倾倒，所以当岑春煊氏二次革命失败，跑到南洋的时候，在极乐寺住了好些时，都不忍舍去。可见这个和尚交际的手腕，实在不错。"[3] 来极乐寺游访者应该很多，现存就有数首赠本忠法师的诗作。许晓山《游极乐寺赠本忠尚人》："柳浪椰潮涌世尊，鹤翔凤翥蠹山门。请经人已归何处，极目楼船自晚昏。我闻极乐是西天，心即西天鹫岭巅。乐极慈悲还度劫，慈悲度劫自年年。"[4] 吴尚贤《游极乐寺赠本忠上人》："山光海色寄游踪，宝刹清幽屡过从。千眼薰笼通法界，一龛佛火阐南宗。

① 詹冠群：《陈宝琛与漳厦铁路的筹建》，唐文基等主编：《陈宝琛与中国近代社会》，福州：陈宝琛教育基金筹委会，1997年，第466页。
② 释宝慈：《鹤山极乐寺志》，《中国佛寺志刊》第99册，第187页；陈宝琛：《沧趣楼诗文集》（上），上海：上海古籍出版社，2006年，第85页。
③ 梁绍文：《南洋旅行漫记》，台北：新文丰出版公司，1982年，影印上海中华书局1926年版，第72—74页。
④ 释宝慈：《鹤山极乐寺志》，《中国佛寺志丛刊》第99册，第188页。

婆心好似天边雨，寿相浑如岭上松。我愧东坡苏居士，袈裟裙屐两雍容。"①1929年11月，陈延谦来极乐寺，与本忠法师坐谈："远上山门石径斜。白云深处望千家。昔年槟树多生棘。今日妙莲再吐花。对语高僧忘岁月。凌空空谷足灿霞。游人到此息尘念。漫说登临感物华。"②笔者窃以为本忠法师应当是有唱和之作，只可惜没有流传下来。

除了本忠法师，其他法师也是有诗歌才能的。1912年，署名"僧普明"者曾给《槟城新报》投稿一组诗歌，其中有一首《游极乐寺》："鹤麓开兰若，众生种福田。天花飞不尽，法雨润无边。题石多奇字，凿池通活泉。水清鱼嚼月，室静衲安禅。海阔涛翻雨，山高树插天。两年凭驻锡，曾是旧因缘。"③除了首尾两联，全诗对仗工整，意境悠远，充满禅意。可见他在诗歌上的才能是很出众的。他同时也跟来游览极乐寺的文人用诗歌进行交往。同一期报纸另有他为"座师何按察"写的一首诗："谢却簪缨累，名山着意看。十年伤隔别，一旦乐盘桓。藻鉴垂青眼，蔬飧话旧欢。听泉同坐石，论道共凭栏。梵罢钟声急，烟迷塔影残。依依情不已，相送出林端。"④他先是写了"何按察"离开公务、游山玩水的悠闲，继而写到分离十年后蔬食叙旧，"坐石""听泉""凭栏""论道"，最后写到钟声响起，夕阳西下，依依不舍而别。全诗用词老道，情真意切，画面感极强。

极乐寺法师以自己的书法、文学等艺术才能与文人交往，使得极乐寺的声望很快就得到提升。张煜南曾论："极乐庵，屿中胜景也，闻是庵本埠富商敛资为之，倚山作壁，引水入厨，位置玲珑，备臻佳妙，向无僧居，特聘名僧小颠卓锡此。僧极风雅，夙以诗名，与屿

① 释宝慈：《鹤山极乐寺志》，《中国佛寺志丛刊》第99册，第185页。
② 陈延谦：《游槟城极乐寺与本忠上人坐谈即景留别》，《南洋商报》1929年11月12日，第22版。
③ 僧普明：《游极乐寺》，《槟城新报》1912年3月7日，第7版。
④ 僧普明：《遇房考座师何按察游极乐寺》，《槟城新报》1912年3月7日，第7版。

中士大夫往来赠答无虚日，留题满壁，笔走龙蛇，鸿爪雪泥，布为海上佳话，虽曰地实有灵，亦借人以传已，故游其地者，从树林阴翳中结伴而入，与寺僧茶话后，僧即从旁指点海天之胜，林泉之佳。俗虑顿蠲，恍然于尘世中得一清凉世界也。"[①] 而这也正是佛教寺院带给尘世"俗人"之精神慰藉。上述"名僧"即妙莲法师为首的鼓山法师。"小颠"应指行为举止不太符合佛法者，可能是指法空法师。1918 年刘熏学南来槟榔屿游历，曾遇到法空法师，"法空法师是极乐寺下院观音寺的住持，从泉州去的，到那里已二十多年了。能说普通话和英语，能棋能书，又能少林拳术，而且有扛鼎的力量，对于豢养犬类有特殊的天才，园中壁上挂着的犬的照片也有一二十幅。据说他曾经养过一只犬到英国去比赛得着优胜过"[②]。据此可知法空法师南来的时间在 1900 年之前，张煜南所说"小颠"极可能是他。1923 年江亢虎南游槟榔屿，在极乐寺下院观音寺见到法空法师，他的印象是："奇人也。来自泉州，居二十年矣。通国语、英语，习少林拳术，能举石鼎作旋风舞，又能书画，擘窠大字，泼墨山水外，兼工小楷，细笔翎毛，尤有绝技，最善调犬。……又精围棋，自云生平未遇敌手云。"[③] 可见法空法师并非浪得虚名，其书法颇佳，迄今极乐寺还保存有他写的书法作品。上述极乐寺的法师和来访的文人进行交往，个人所具有的才能给对方留下了深刻的印象。

二、中国文人对极乐寺形象的塑造

极乐寺的创建，离不开"功德主"的捐赠，当然也离不开捐赠者对极乐寺从形象到精神层面的刻画。一般游览者不会用文字记录下来

---

① 张煜南：《海国公余辑录》卷一，上海：上海古籍书店，2005 年。
② 刘熏学：《南洋游记》，上海：开明书店，1930 年，第 130 页。
③ 江亢虎：《南游回想记》，上海：中华书局，1925 年，第 40 页。

对极乐寺的观感，只有文人才能用文字保留下来当时游览的印象，变成我们追溯过去的史料。极乐寺从 1894 年开始创建，直至 1905 年才基本完工。在庙宇现存的早期诗歌中，我们可以看出当时文人对极乐寺形象和功能的期待——佛教圣地。

1897 年，槟榔屿的著名藏书家、漳州人林载阳游览极乐寺，写有《游极乐寺》诗："极乐超尘境，倏然物外天。云常罗佛国，月每照僧禅。石老苔痕古，山深鸟语圆。逍遥忘世路，直欲上峰巅。"[①] 该诗有浓厚的方外味道，"超尘境""物外天"就是这一反映。"石老苔痕古"，抄自明代莆田人、南京刑部尚书方良永《咏九鲤湖诗》："乾坤灵气萃，此地压东南。石老苔痕古，林深鸟韵酣。湖光频弄月，山色漫拖岚。满眼评难尽，吾心自与参。"作者觉得"忘世"之路，是无法言喻的。

1900 年，丘逢甲奉命前往南洋宣布朝廷设立保商局保护出洋回国华商的旨意。[②] 在槟榔屿逗留时，他和王恩翔游览了极乐寺，都写有诗歌。此外，丘逢甲还专门为极乐寺观音阁写了一首诗："不使南荒劫火燃，流沙黑水且安禅。六时梵呗潮音静，千眼灵光宝相圆。出洞猿携山果献，归巢鹤抱海云眠。诸天也借黄金力，变现西方九品莲。"[③] 在他看来，槟榔屿是"南荒"之地，在名为"黑水"的地方，有极乐寺可以"安禅"。不间断的"梵呗"响起，衬托出潮水的静谧；千手千眼观音的"灵光"映衬着"诸天"，即使是佛教诸神也需要借助金装，才能化身为西方极乐世界的莲花。他还写有竹枝词："雾阁云窗启道场，不须极乐数西方。山僧指引频夸客，顶礼曾来白象王。"[④] 王恩翔云：

---

① 释宝慈：《鹤山极乐寺志》，《中国佛寺志丛刊》第 99 册，第 175 页。

② 冀满红、赵金文：《丘逢甲与南洋华侨》，《东南亚研究》2010 年第 6 期。

③ 丘逢甲：《游阿易意淡观音阁次壁间韵（阿易译言水，意淡黑也）》，《岭云海日楼诗钞》，上海：上海古籍出版社，1982 年，第 168 页。

④〔新加坡〕李庆年编：《南洋竹枝词汇编》，新加坡：今古书画店，2012 年，第 15 页。

"乔木阴阴列万章，法轮初转顿辉煌。自从八部天龙护，极乐人来礼梵王。"①"极乐""西方""顶礼""白象王""法论初转""八部天龙""梵王"，莫不是佛教用语。此时极乐寺的佛教气氛浓厚。

同为槟城文人的林紫雾，则在文学上有较高的成就，著有《学啭莺诗钞》二卷。②他游览极乐寺后，撰有《游极乐寺题壁》一诗："不到招提望，安知此境幽。山山青入座，树树绿盈眸。图画壶中展，烟云屐底收。未逢园果熟，坐听野禽啾。避俗宜常住，谈经爱小留。清钟空色界，法钵助诗筹。花影犹残日，泉声咽暮秋。丛林真极乐，何必羡仙洲。"③作者认为，如果不到极乐寺，无法得知此处环境之清幽。青山、绿树映入眼帘，流连忘返。如果躲避俗世烦扰，谈论佛经，可以来此稍作停留。清亮的钟声让人感觉世事皆空，法钵可以在赛诗会上当作令筹。"花影""残日""泉声""暮秋"，点明了作者来的季节和时间。"丛林"指极乐寺，"仙洲"为理想中的神仙居所，有了极乐寺，"仙洲"也不过如此。与前述诗歌内容相比，该诗更多地倾向于对极乐寺景物的描写，而淡化了佛教的意味。

1911年春，新加坡著名文人邱菽园来槟榔屿游玩。在参观极乐寺后，他撰有《辛亥春日游极乐寺》一诗："水石礒岩曲径幽，华鬘涌现讲经楼。中天皓月分池受，别浦蛮云入槛流。香雨依时飘定磬，风林长昼占清秋。凭栏望极潮音目，孤岛乾坤共一沤。"④邱菽园来极乐寺的时候，妙莲法师已经圆寂，住持是本忠法师。极乐寺给他的印象，

① [新加坡] 李庆年编：《南洋竹枝词汇编》，第13页。

② [新加坡] 李庆年编：《南洋竹枝词汇编》，第1页。

③ 释宝慈：《鹤山极乐寺志》，《中国佛寺志丛刊》第99册，第176—177页。

④ 释宝慈：《鹤山极乐寺志》，《中国佛寺志丛刊》第99册，第178页。该诗在邱菽园自己的诗集中作："水石礒岩曲径幽，华鬘涌现佛光楼。飞来香雨知泉活，分到层湖拟月流。物力卅年征盛日，晴光二月似清秋。凭栏试极潮音目，孤岛乾坤共一沤。"见《菽园诗集》，《近代中国史料丛刊续编》第37辑，台北：文海出版社，1977年，第140页。笔者倾向于释宝慈所录为原诗，诗集中为作者后来所修改。

图 1-7 民国时期的极乐寺全景（槟城陈耀威藏）

不再是佛家境界，而已经是触景生情的圣地。"中天皓月"给人很多感伤的情绪，而作为"别浦"的槟榔屿的"蛮云"又连绵不绝。邱菽园曾中举人，是清代南洋华侨中科举功名最高者，在他看来，槟榔屿不在中华范围之内，连云都有了"蛮夷"的味道。这一句应该是他当时的心态，在后来收录到他的诗集中的时候，就改为"飞来香雨知泉活，分到层湖拟月流"，全然没有了上述诗句的感情倾向。当然，在他看来，极乐寺的景物要更为吸引人。

对极乐寺景物大加赞扬的不仅邱菽园，其后文人留下的诗歌也可得见。1912 年 2 月，叶锡田来极乐寺游览，就写下了"老桂吹香上翠微，繁花红白照行衣。平生饱厌风尘味，投杖遥观海鹤飞"[①] 的诗句。"老桂""翠微""繁花""行衣"，这些具体的意象，反衬的是作者只有来到极乐寺，"投杖""遥观"海边白鹤飞翔，才能脱离"风尘"之

---

① 叶锡田：《游极乐寺》，《槟城新报》1912 年 4 月 24 日，第 7 版。

苦。全诗极具画面感，将极乐寺的景物之美衬托出来。1925年有人来游极乐寺，写下："天然胜地信堪夸，面海依山分外嘉。岚翠四维孤塔耸，梵王宫殿最清华。"[1]1926年还有文人写下："春风剪剪暮云稠，极乐寺前作胜游。花鸟多情频点首，龟鼋无语自昂头。晚钟声起忙僧饭，怪石嵯峨动客愁。我本观山曾有癖，何妨此地且勾留。"[2]春风习习，花鸟生机勃勃，"龟鼋"也自带禅意。"晚钟"响起，"怪石"最后打动了客人的愁绪，触景生情。

极乐寺的禅意和鹤山的景色，让前来游览的文人各取所需。1926年1月有人来，看到的只是禅意，心有所动，随口写下："缘孽一生识未真，参禅我欲问前因。何时了却情缘债。皈依如来清净身。"[3]1929年7月，有人看到的是："山泉野鸟足禅机，晓磬晨钟撼太虚。香火不无情缱绻，陶然吾适数游鱼。"[4]在作者眼里，鹤山的景色和极乐寺的禅意二合一了。极乐寺的法师、佛像以及"梵呗"之音，给游客留下了深刻的印象。1924年9月，有人听闻"一日往游，适闻论经，感而倚声"，写下了一首词：

> 山深寺古，侧耳钟声暮。循级上，连趋步，悠闲方丈座。
> 僧众蒲团仆，双手互，声声舍利南无语。
>
> 意一无旁务，参透禅机悟。红烛焰，香烟雾，存心除厄苦。
> 忏悔慈航渡，功德助，佛门因果从无误。[5]

① 林庶沟：《登槟城极乐寺有感》，《南洋商报》1925年5月13日，第18版。
② 贺听魂：《春日薄暮游极乐寺》，《南洋商报》1926年4月16日，第20版。
③ 国徽：《极乐寺口占》，《南洋商报》1926年1月12日，第18版。
④ 曹香芝：《题极乐寺》，《南洋商报》1929年7月4日，第20版。
⑤ 伯谟：《极乐寺听经》，《南洋商报》1924年9月11日，第9版。

与多数文人专注于鹤山景色与极乐寺的建筑不同，这首词关注的是念经的僧侣，和听经带来的精神互动，令人沉浸其中，不能自拔。

三、作为南洋中华文化载体的极乐寺

极乐寺与中国文人的交往，不仅延续了明清民国佛教寺院与士绅阶层互动的良好传统，且成功将之运用到极乐寺形象塑造的过程中去了。

极乐寺具体要修建成什么模样，妙莲法师可能从一开始就有将鼓山涌泉寺移植过来的念头。这个不难想象。著名的医学家、槟榔屿出生的伍连德博士曾评价妙莲法师说："他的佛学修养和艺术造诣，使他及时抓住了一个可能的机会，在这景色秀美的地方，仿照他出家之地福建鼓山的寺庙形制，建造一座宏大的寺院。"[①] 他选址在升旗山半山修建极乐寺，基本按鼓山涌泉寺的规制来建设。

极乐寺将文人墨宝做成摩崖石刻，也都带有强烈的模仿鼓山摩崖石刻的影子。这些摩崖石刻不仅展示了极乐寺的交往网络，也成为极乐寺的中国文化的符号和象征。很快极乐寺就成为槟榔屿的一个名片。华人闲暇时多往游玩，以至于还发生了一些匪夷所思的事情被报纸报道。1912 年 7 月，"某日午间十一时，本屿粤富商梁某君之某某两公子、暨谢某君之犹子，偕同朋辈等，同游极乐寺。寺中有中西文之寺规一纸，分悬壁上，数君举首阅视中文之一纸，讵忽有数荷兰人，突然而至，从后将众人推开，询以何故阅华文而不阅西文。梁君等以吹皱一池春水，干卿底事，况以华人而阅华文，理所应尔，又何野蛮若此"，双方因此起了争执，最后为寺僧排解息战[②]。连英国皇太子来槟

---

① 伍连德：《鼠疫斗士——伍连德自述》，程光胜、马学博译，王丽凤校，长沙：湖南教育出版社，2011 年，第 312 页。
② 《何如此之野蛮》，《槟城新报》1912 年 7 月 29 日，第 3 版。

槟屿时，都被推荐来极乐寺游览。1907 年的《槟城新报》记载了当时的英国亲王游览极乐寺的报道：

> 英亲王哥讷公奉命巡视东方军备，以初七日抵屿，阅操见客，国事劳凡（笔者注：应为繁），旅屿绅商皆开欢迎会，以表诚敬，盖盛事也。王妃及郡主以本屿山水佳胜，特于下午六点钟偕参政司夫人及四州府总兵华加等命驾往极乐寺游玩，以冯君云山、吴君金和为译员，寺僧皆礼服出迎，撞钟礼佛，为妃及郡主等祝福，随具山茶招待……寺僧以贵人莅止，佳会难逢也，特请照像留镇山门，遂与同行者合拍一照予之，妃以下皆亲署名，顾诸僧曰："爪印偶留，即他日之纪念也。"①

从此报道可见极乐寺虽然刚刚建成，但在当时已然成为槟榔屿岛上的著名游览胜地。当然不仅英国亲王来槟榔屿的时候要游览极乐寺，瑞典亲王去暹罗公干回国途径槟榔屿的时候，也要"乘坐摩多加车，前往极乐寺，游历一遍，然后回船"②。

此时极乐寺适时地将名人墨宝或是摩崖，或是装裱，或是玻璃框镶好悬挂会客厅，使之都变成自己的文化资源。"招待室中，壁上悬有十几张施主的玉照，和中外名人章太炎，康有为，英太子，暹罗王等之题字或题名。"③ 很快，极乐寺就成为槟榔屿乃至南洋的名胜。"极乐寺不特是槟榔屿的大丛林，并且是南洋英荷各属天字一号内的东方式大庙宇。无论富贵贫贱，中西内外的人到了这个地方都非赏识那座

---

①《英亲王游寺记》，《槟城新报》1907 年 2 月 20 日，第 3 版。
②《瑞典亲王之行踪》，《槟城新报》1912 年 2 月 12 日，第 3 版。
③ 小汉：《槟榔屿的极乐寺》，《实报半月刊》1936 年第 23 期，第 59 页。

图1-8 极乐寺现存慈禧太后所题"海天佛地"圖额（2013年12月5日，宋燕鹏摄）

代表中国宗教文明瑰伟奇特的极乐寺不可！"① 也因此被当作一种文化的象征整合进整个槟榔屿的中华文化圈。"（槟城）马路之整洁，公共建筑物之瑰伟，海旁马路之幽雅，升旗山之壮观，极乐寺之禅境，即以世界之名都胜邑拟之，亦不多让。"②

　　妙莲法师深谙佛教寺院只有获得朝廷的封赐，才能真正站稳脚跟的道理。故在1904年基本完成极乐寺的修建后，他亲自前往北京，请得了光绪皇帝御赐《龙藏》两部，获得"敕赐极乐禅寺钦命方丈，御赐紫衣钵盂杖銮驾全副，四山护国佑民"的殊荣，同时获得光绪御笔题赠"大雄宝殿"与慈禧太后题赠的"海天佛地"墨宝。妙莲法师

① 梁绍文：《南洋旅行漫记》，台北：新文丰出版公司，1982年，第73页。
② 陈枚安：《南洋生活》，上海：世界书局，1933年，第144页。

是第一位，也是最后一位受到清朝政府肯定的来南洋传教的佛教禅师，由此奠定了极乐寺作为南洋汉传佛教圣地的核心地位。而极乐寺所传播的汉传佛教文化，也属于中华文化的一部分，极乐寺也就在一定程度上成为中华文化的物质载体。

极乐寺虽然是由鼓山高僧妙莲法师主持修建的，但是其中并未排斥中华文化的三教合流的元素。1918 年刘熏学游览极乐寺，发现"这样一所中西偶像无所不包，佛道两教也能并存的寺院，中国人的宽大的调和的精神真能十足的表现了。然而还不足奇，大雄宝殿中，佛像的左边，又立着一个高八九尺，丹凤眼，卧蚕眉，身披绿甲，手提青龙偃月刀的关圣人；不知他老人家为了什么光临到那里去，居然连周仓也不曾跟着，比单刀赴会时还来的神气"①。刘熏学所说的"中国人的宽大的调和的精神"，其实就是中华文化的一种表现。佛道并无绝对对立，在中国人心目中是可以兼容的，极乐寺就秉承了这一传统认知。很快，槟榔屿极乐寺就有了"南洋寺院之冠"的美誉。②

极乐寺的建筑内容，不仅属于中华文化的移植，对远离故土的南洋华人的心理慰藉，也是不可忽视的。康有为流寓槟榔屿期间的光绪二十九年（1903）夏六月，他在极乐寺留下"勿忘故国"的摩崖题刻。该年 7 月 22 日（农历六月二十五日）康有为第二次到达槟榔屿，与第一次的低调相比，这一次不再避人，受到华侨的极大欢迎。康有为对所执着追求的中国维新事业，信心倍增。③他在当地演讲中说："诚以今世竞争之烈日甚一日，我国存亡之机端在此千金一刻之时，亦惟吾同胞之本任，非可稍卸责于他人者也。今我国若四万万人之大公司，

---

① 刘熏学：《南洋游记》，第 130 页。

②《乐寺听经》，《南洋商报》1924 年 9 月 11 日，第 9 版。

③ 张克宏：《亡命天南的岁月：康有为在新马》，吉隆坡：华社研究中心，2006 年，第 64—66 页。

然预余与诸君各占一股，各有振兴本公司之责任者。"[1] 他对海外华侨爱国观念之期待，在极乐寺"勿忘故国"四个大字中，已经显现出来。十几年后的 1920 年，林庶沟游览极乐寺，写下《登槟城极乐寺感怀故国》诗："偶到空门别有田，回头故国思妻然。才经南北风云起，又见东西烽火连。同室操戈谁负责，燃萁煮豆剧堪怜。除奸宝剑如磨就，誓扫妖氛出北燕。"[2]1920 年中国爆发以曹锟为首的北洋军阀直系和以段祺瑞为首的皖系之间的直皖战争。"同室操戈""燃箕煮豆"让人痛心疾首。作者有心用"除奸宝剑"，将国内的"妖氛"扫除出境。1929 年 5 月章敬于来极乐寺，写下："中原变乱半荒芜。携手同为万里游。休向月中悲寂寞。不妨海上渐淹留。越吴胜负讵天意。福利万千在目求。俟得长风破浪去。宁知黄鹄非君畴。"[3] 该诗说"中原变乱"，应该指的是 1929 年 3 月开始的"蒋桂战争"，是蒋介石和桂系军阀之间的斗争。作者没有林庶沟扫除"妖氛"的勇敢，只好"携手同为万里游"，将蒋桂之间的"越吴胜负"当作"天意"。作者站在极乐寺，看着鹤山风景，遥望大海，只待"长风破浪"，像"黄鹄"一样，一飞千里。虽然故国远在万里之外。

通过分析上述文人的诗歌，可知从康有为的"勿忘故国"，到民国时期南来中国文人的故国情思，极乐寺都扮演着中华文化载体的角色。很明显，极乐寺的中华文化氛围为南来文人提供了一个心理慰藉、思绪放飞的场域。这是我们在观察 20 世纪上半叶的极乐寺时，应该注意到的。

哲学家黑格尔曾说："存在即合理。"从这个意义上看，极乐寺在19 世纪末开始创建，20 世纪初最终完成，是槟榔屿乃至马来西亚华人

---

① 《个福就员》，《槟城新报》1900 年 8 月 5 日，第 8 版。
② 林庶沟：《麝兰堂杂咏》（二），《南洋商报》1925 年 5 月 8 日，第 18 版。
③ 章敬于：《游槟城极乐寺与本忠上人坐谈即景留别》，《南洋商报》1929 年 5 月 29 日，第 20 版。

历史发展到一定阶段的必然产物，是各种因素综合作用到一起的结果。

极乐寺的创建，表面上是在南洋建立了第一所汉传佛教寺院，实际上却是妙莲法师通过与世俗社会的交往而获得支持，才得以让汉传佛教在南洋真正生根发芽。作为来自福建鼓山涌泉寺的高僧，妙莲法师自身的佛学和文化修养，是其赖以和槟榔屿世俗社会交往的资本。甚至其客家身份，在获得槟榔屿华人政治身份最高的清朝副领事的支持上，也有重要作用。

当然非常明显，槟榔屿前几任副领事张弼士、张鸿南和谢荣光是从苏门答腊起家，而后转移到槟榔屿的客家富商，后继的梁廷芳和戴春荣则是霹雳州起家的客家富商，加上捐赠者郑景贵也是霹雳州起家的客家富商，我们大可看出槟榔屿客家社群经由苏门答腊和霹雳州富商的加入，而实力大为改观。黄贤强先生称19世纪末槟榔屿客家为广、福两帮之外的"第三股势力"[1]，将广东帮、福建帮和客家帮并列。而实际上，"广帮"并非广府一个社群，而是包括琼州、潮州、惠州和嘉应在内的方言社群的复合体，其中，客家包括惠州客家和嘉应客家，早已是广帮内的一分子。在19世纪的槟榔屿，"广帮"更多的是一个省级地域集合体，而非方言群体。事实上，"第三股势力"只是"广帮"内部次生社群势力一次大变动的表现而已。

通过对极乐寺的捐赠，客家社群在19世纪末进行了一次实力展示，不仅使得客家人在广东省内的地位大大提高，也带动了广、福两帮的交流，在平章会馆之外，增加了一次合作的机会。因此，通过极乐寺的捐赠，槟城广东省的次生客家社群势力进行了一次重新整合，客家的籍贯认同开始超越方言认同，成为新时期华人认同的一种新

① ［新加坡］黄贤强：《跨域史学：近代中国与南洋华人研究的新视野》，厦门：厦门大学出版社，2008年，第102—115页。

趋势。

但是一座寺院创修的初衷和建成后的社会形象，可能并不完全一致。极乐寺创建之初着眼于一座佛教寺院，且为福州鼓山涌泉寺下院，为涌泉寺提供资金支持。初创募捐也以弘扬佛法为名，获得大量华商的资金支持。建成后，在中国文人的眼中，极乐寺则不只是槟榔屿的风景名胜之一。在南洋英、荷殖民统治地区，在华人、马来人、印度人等族群混居的状态下，极乐寺不仅以汉传佛教来填补华人的精神空间，也因其具有中华文化的因素，在中国文人的心目中渐渐成为中华文化的一种象征，无论是妙莲法师在修建时就意在将极乐寺建成一个小鼓山，抑或是 20 世纪初中国文人在这个类似鼓山环境里的中华文化的想象。这一结果，想必也是妙莲法师在创建时所意想不到的吧。

第二章 由五大姓宗族组织建构看19世纪英属槟榔屿福建社群的形塑途径

海外华人史研究，既要考虑个人在大历史的环境下的调适，更要着眼于华人社群在海外异文化的社会状况之下，是如何集聚，并形成组织的。这些华人社群的形塑都不是一蹴而就的，而是经过历史发展演变而成。因此对相关华人社群的历史研究就成为题中应有之义。众所周知，在华人社群形塑过程中，血缘、地缘和业缘是重要的指标。其中对方言群为代表的地缘关系的研究，长期被人们所重视，而对以血缘关系为代表的宗族姓氏组织，关注则较少。

现有的汉人宗族研究的成果，以华南宗族研究最为成熟。一般认为，在中国传统文化中，最重要的人际关系还是血缘的，因此宗族往往成为中国社会结构的基础，这一点在闽粤农村尤其重要。马来西亚华人早期多数来自于闽粤两省，同一宗族姓氏南来的所在皆有，但是形成宗族组织，并在当地华人社群产生重大影响的，提到马来西亚，首先想到的就是以邱、谢、杨、林、陈为代表的槟城五大姓。这些姓氏人数众多，具有很强的经济实力，成为19世纪槟城华人史上的一道风景线。相比这些姓氏宗族的风光，长期以来对这些姓氏宗族组织的研究，却并不太多。相关研究以马来西亚学者为主，如朱志强、陈耀威对槟城邱公司的建筑和历史的概述[1]，陈剑虹对五大姓为主构成

---

[1] ［马来西亚］朱志强、陈耀威：《槟城龙山堂邱公司：历史与建筑》，槟城：龙山堂邱公司，2003年。

的福建公司的研究①，黄裕端对槟城五大姓在19世纪的商业网络的研究②，都是典型代表。国内学者的研究，笔者仅见刘朝晖对厦门海沧区新垵邱氏侨乡的研究，其中涉及对槟城邱氏的叙述，但因重点在侨乡，所以对槟城部分的叙述略显薄弱。③上述论著对19世纪槟榔屿五大姓宗族组织的再建构和福建社群的形塑皆少涉及。相比之下，其他姓氏宗族的研究更是付诸阙如。

本章主要针对五大姓在离开原乡后，在英属槟榔屿如何进行宗族组织建构进行分析，以此透视作为血缘因素的宗族组织，在19世纪英属槟榔屿时期福建社群的形塑过程中所起到的作用。因早期南来槟城的福建省人主要来自闽南地区，因此在英国殖民政府的人口调查中，称闽南话为福建话，相应称闽南人为福建人。本章所叙述之福建人，即闽南人。附带说明的是，从2013年11月迄今，笔者曾多次赴槟城乔治市进行田野考察，也曾在厦门海沧区对五大姓原乡进行田调工作。④本章所使用的资料，除了标注出处者外，皆为笔者田调所获。

第一节　1786年槟榔屿开埠后英国人统治下的华人社会

1786年槟榔屿开埠，归东印度公司孟加拉参政区（Residency）管辖。后者在1805年就升级为一个同加尔各答、马德拉斯和孟买

---

①［马来西亚］陈剑虹：《槟城福建公司》，槟城：槟城福建公司，2014年。

②［马来西亚］黄裕端：《19世纪槟城华商五大姓的崛起与没落》，［马来西亚］陈耀宗译，北京：社会科学文献出版社，2016年。

③刘朝晖：《超越乡土社会：一个侨乡村落的历史文化与社会结构》，北京：民族出版社，2005年。

④笔者在海沧区的田调得到温志攀先生的大力帮助，谨致谢忱。

相同的行政区，只隶属于印度大总督（Governor General）的统一指挥。① 最初开辟者莱特船长（Captain Light）为了维持治安，执行一般监禁和其他一般刑罚，但对于谋杀和英国人的案件却无权处理。亚洲各族的领袖处理各自同族的案件。直到 1807 年，槟榔屿才有一套正式的司法制度。1805 年政府头目，有一个总督、三个参政司、一个上校、一个牧师，还有 50 名或 50 名以上的其他官员。② 1826 年马六甲归英国后，英国将槟榔屿、马六甲和新加坡合并为海峡殖民地（Straits Settlements），首府槟榔屿，直属驻扎在加尔各答的印度总督管辖。此时，海峡殖民地的地位是参政区。但由于财政负担过重，1830 年，东印度公司将它划归孟加拉参政区所属辖区，最初设置参政官（Resident）管辖，1832 年改为总督（Governer），总督府设于新加坡。到了 1851 年，海峡殖民地升级，改为直属英国印度总督。1867 年，海峡殖民地才改为皇家直辖殖民地（Crown Colony），由英国殖民地部直接管理。③

槟榔屿开埠初始，执行的是不征进口税的自由贸易，以及莱特让定居者占有他们所能开垦的土地并允许将来给予地契的政策，这些措施使这个几乎无人居住的岛屿有了庞大而种类繁多的人口。伴随着槟榔屿开埠，华人迅速涌入，在 19 世纪初就在乔治市东南沿海处形成聚居区。

我们通过早期槟榔屿的碑刻捐款名单可一窥华人内部实力。1800年创建于槟榔屿椰脚街的广福宫，是槟榔屿最早的华人神庙，香火之盛，无出其右者，在早期有着槟城华人最高协调机构的功能，为闽粤

① Andrew Barber, *Penang under the East India Company 1786-1858*, Kuala Lumpur: AB&A, 2009.pp.63-64.
② ［英］理查德·温斯泰德著：《马来亚史》（下册），姚梓良译，第 365—368 页。
③ C.M.Turnbull, *The Straits Settlements 1826-1867:Indian Presidency to Crown Colony*, London:Oxford University Press,1972.pp.55-58.

两省华人共同捐赠所建。[1] 统计创建碑记的捐款名单可知，福建人居于绝大多数，可证早期槟榔屿华人以福建人在人数和经济实力上占优势地位。1881 年时在槟榔屿的 45135 名华人中，福建人有 13888 名（30.7%），广府人 9990 名（22.1%），客家人 4591 名（11%），潮州人 5335 名（11.8%），海南人 2129 名（4.7%）及土生华人（峇峇）9202 名（20%）。假如把多数祖籍福建的峇峇也纳入的话，则福建人（51.1%）已占华人比例的一半了。显然槟城的福建人占多数已多年。[2]

对于槟榔屿华人的内部结构，英殖民地官员胡翰（J.D.Vaughan）在 19 世纪中期的时候已经有所观察，他把华人区分为"澳门人"（Macao men）和"漳州人"（Chinchew）两大类。"澳门人"就是广东人，因为香港 1841 年归英殖民统治，在 19 世纪上半叶尚未崛起，之前广东下南洋者皆从澳门出海。他将"澳门人"分为客人（Kehs or Keh-langs）和广府人（Ahyas），包括新宁（Sin Neng）、香山（Hiong Shan）、增城（Chen Sang）、嘉应州（Ku Yin Chew）、从化（Chong-far）、永大馆（Win Tai Kwan）[3] 6 个公司，以及一些更小的地缘公司。漳州人主要来自漳州府和邻近地区，分为"福建土著"以及福建省西北部的移民，主要以"姓"（Seh）为组成单位。较大的"姓"有"陇西堂"李姓公司、"龙山堂"邱姓公司，"九龙堂"陈姓公司、"宝树堂"谢姓公司。[4]

---

① 陈铁凡：《槟城广福宫及其文物》，载氏著《南洋华裔文物论集》，台北：燕京文化事业股份有限公司，1977 年，第 112—113 页。

②（清）力钧：《槟榔屿志略》，聂德宁点校整理，陈可冀主编：《清代御医力钧文集》，北京：国家图书馆出版社，2016 年，第 304 页。

③ Win Tai Kwan，颜清湟先生《新马华人社会史》的中文版翻译成"云台馆"，不知所据。据槟城陈剑虹先生提示："永大馆"的英文依客家方言发音拼写，即永定客家和大埔客家的联合体。谨致谢忱。

④ J.D.Vaughan, "Note on the Chinese in Pinang", The Journal of the Indian Archipelago and Eastern Asia, 1856, Vol.7-8, p.14.

从胡翰的叙述中，我们大体上可以发现，广东人基本上都是地缘组织，而福建人基本上都是姓氏组织。19世纪福建人移民以姓氏团体来组织社群，源于在福建移民中，漳泉的占绝大多数，而其中又以漳州人为主流，尤其是来自清代属于漳州海澄三都一带的乡民。那些九龙江下游滨海而居的福建人，早在明末西方殖民者到东方争夺香料贸易开始，就随着东南亚商港一个个启运，大规模地跟进货殖或迁寓他乡。在槟城19世纪初就有属于漳泉的谢、陈、曾、邱、林、辜、甘等姓较早在社会建立了个人或群体的地位。

随着槟榔屿商业贸易的发展和个人财富的增加，到19世纪二三十年代，五个以同乡姓氏为认同根源的群体逐渐崭露头角。到了19世纪中叶，它们不只在社会组织上建立内在联系，也在土地上占据一方，结合成为强宗望族，这人多势众的群体就是槟城的"五大姓"。从港仔口到社尾街之间，五大姓族人集资购下大块街廓地段，建构起宗族聚居的围坊。依次排列是杨公司（材路头3号）、林公司（中街234号）、谢公司（本头公巷8号）、龙山堂邱公司（缎罗申街20号）、陈公司（打铁街28号）、文山堂邱公司（打铁街301号）。①

第二节　19世纪槟榔屿五大姓为代表的闽南宗族组织的兴盛

南来的福建漳州社群，在槟榔屿19世纪的历史发展过程中，占有极其重要的一环，他们大抵聚族而居。陈育崧先生对此有论："我们也发觉槟城华人社会结构的一些特征，例如帮的发展带有极其浓厚

---

① ［马来西亚］陈耀威：《殖民城市的血缘聚落：槟城五大姓公司》，载林忠强、陈庆地、庄国土、聂德宁主编《东南亚的福建人》，厦门：厦门大学出版社，2006年，第175、191页。

的宗亲观念，所谓五姓邱、杨、谢、林、陈等宗亲组织，其中四姓是单姓村移民……只有陈姓是从各地来的……这种以宗亲组织为基础的帮的结构，槟城以外找不到。"[1]

在一个移民社会中，汉人宗族组织的出现并不是一蹴而就的，都是要积累到一定家族规模才能完成。人类学家庄英章对台湾竹山移民社会进行考察之后认为："竹山移民初期的社会是以地缘关系为基础，而非以血缘关系为基础，一些主要的聚落都是先有寺庙的兴建，直到移民的第二阶段，由于人口的压力增加，汉人被迫再向山区拓垦，同时平原聚落的姓氏械斗经常发生，宗族组织因而形成。由此可见，宗族组织的形成并非边疆环境的刺激所致，而是移民的第二阶段因人口增加，血亲群扩大而形成的。"[2]说明移民社会，首先要有寺庙，而后随着宗族成员的增加，才会形成宗族组织。槟榔屿来自漳州的姓氏社群，基本上也是走了这一条发展道路。

19世纪初的槟榔屿华人捐赠活动中，捐款都是以个人名义捐赠的。而在1841年槟榔屿福建公冢筑造冢亭时，捐款者则以姓氏宗族为中心，如谢家捐银160元，邱家捐银140元，林家捐银120元，陈家捐银60元，杨家捐银60元，李家捐银40元，王家捐银30元，黄家捐银30元，叶家捐银26元，柯家、关家、吴家各捐银24元，尤家、何家各捐银20元，庄家、翁家各捐银13元，颜家、温家、郑家、张家、梁家、宋家、苏家、蔡家各捐银12元，辜家捐银10元，卢家捐银6元。[3]可见，在19世纪上半叶，槟榔屿闽南社群充斥着宗族势力。

① 陈荆和、陈育崧编著：《新加坡华文碑铭集录》绪言，香港：香港中文大学出版社，1973年，第16页。
② 庄英章：《台湾汉人宗族发展的若干问题——寺庙宗祠与竹山的垦殖型态》，《"中央研究院"民族学研究所集刊》第36期，1974年。
③《福建义冢碑记》，[德] 傅吾康、[美] 陈铁凡编：《马来西亚华文铭刻萃编》第二卷，吉隆坡：马来亚大学出版部，1985年，第719页。

但是随着时间推移，有的宗族愈发强大，有的就衰落了。下面对愈发强大的五大姓宗族的情况做一分析。

建立宗族组织，首先要有宗族观念。这些南来槟榔屿的邱氏成员们在新江老家的时候，对自己的房支和宗族祭祀活动，都是非常熟悉的，他们到槟榔屿以后，也因宗族观念而聚集起来。邱氏在原乡围绕正顺宫进行大使爷的祭祀，下南洋的邱氏宗族成员，也会将大使爷祭祀带到移居地。槟榔屿的邱氏宗族成员，首先建立了大使爷的祭祀组织。在 1818 年海澄新江原乡重修正顺宫的时候，捐款排名第一的是"大使爷槟城公银百弍元"①。说明槟城在 19 世纪初就已经围绕祭祀大使爷，有了"公银"即公共祭祀基金。海五房邱埈整"为人公平正直，轻财尚义，乡人推为族长，在槟榔屿倡率捐资建置店屋，以为本族公业"②。可见在槟榔屿的邱氏宗族成员，仿照原乡，也推举了族长作为自己的领袖。海五房邱埈益"素重义，在屿募捐公项，族人利赖，公实倡之"③，从而形成邱氏宗族组织的雏形。邱氏宗族原乡的大宗祠是诒榖堂，槟榔屿邱氏宗族不可能每年都回到原乡祭祖，因此在槟榔屿的邱氏宗族只能暂居本族店屋祭祖，因此邱氏大宗祠在槟榔屿有必要建立起来。"槟城诒榖堂者，经始于道光乙未之秋也。初我族人捐赀，不过数百金，上下继承，兢兢业业，分毫不敢涉私，至是遂成一大基础。"④ 而后随着第二代土生邱氏族人和原乡南下邱氏族人不断增加，1851 年龙山堂的大宗祠最终建立起来，并于 1891 年 8 月 20 日注册为合法社团。⑤ 邱氏同时在同治二年（1863）续修族谱，从族产、族谱、

① （清）邱威敬：《重修正顺宫碑记》，碑镶嵌于厦门市海沧区正顺宫右侧碑廊。录文可参见许金顶编：《新阳历史文化资料选编》，广州：花城出版社。2016 年，第 19 页。
② 《新江邱曾氏族谱（续编）》，2014 年，第 734 页。
③ 《新江邱曾氏族谱（续编）》，2014 年，第 725 页。
④ 《诒榖堂碑记》，［德］傅吾康、［美］陈铁凡：《马来西亚华文铭刻萃编》第二卷，第 860 页。
⑤ *Straits Settlements Goverment Gazette*,May 26,1916.p.1835.

祠堂三个角度完成了槟榔屿邱氏宗族组织的再建构。原乡的邱氏宗族按照五派、九房头、十三房、四大角来辨别房支^①，南下槟榔屿的邱氏宗族也依此来辨别世系亲疏。槟榔屿大宗组织——龙山堂成型的同时，随着邱氏各房人数的不断增加，小宗组织的建构也在进行。海墘房文山堂最先建立，此外由松、屿、门、井、梧房即另三大角内的五房合组槟榔屿邱氏敦敬堂公司，又称五角祖。梧房、宅房、井房又另立绍德堂邱公司。进入 20 世纪，各房头的小宗祠也陆续建立，如海五房的追远堂、门房的垂统堂、宅派的澍德堂、岑房的金山堂、井房的耀德堂、梧房的绳德堂、屿房的德统堂等都先后成立。这反映出在宗族人数与日俱增的情况下，槟榔屿邱氏宗族架构开始完全向原乡宗族形态靠近。

谢氏来自海澄县三都石塘社，据《谢氏家乘》记载，肇始祖铭欣公号东山，在南宋绍定六年（1233）迁居三都石塘社。^② 明代万历时期谢氏就已经有葬在海外的记载。最早葬在槟榔屿的是谢于荣，嘉庆四年（1799）葬在岛上。^③ 以后葬在槟榔屿的谢氏族人一直存在，说明石塘谢氏南下的宗族成员不断增加。1810 年创建谢氏福侯公（张巡和许远）的祭祀组织。1828 年以"二位福侯公"的名义，购置乔治市第 20 区内的土地作为族产。1828 年谢清恩、谢（寒）掩和谢（大）房联合以"谢家福侯公公司"名义，购买了今天谢公的土地。1858年是石塘谢氏在槟榔屿发展的重要一年，17 世的谢昭盼、18 世的谢绍科和 19 世的谢伯夷，团结族人，动用积存的族产租项 12367 元，在公司屋业土地上建造起宗祠，称宗德堂谢家庙，常年供奉两位福侯

---

① 参见《新江邱曾氏族谱（续编）》，2014 年，第 46 页。
②《厦门海沧石塘谢氏后裔迁台资料》，海沧石塘社世德堂谢公司提供，2017 年 3 月 27 日。
③ 傅衣凌：《厦门海沧石塘〈谢氏家乘〉有关华侨史料》，《华侨问题资料》1981 年第 1 期。

图 2-1 笔者在槟城世德堂谢公司（2017 年 8 月 7 日，李天霖摄）

公，完成宗祠和祖庙的合一。[①]1862 年原乡《谢氏家乘》编修完毕，以世序带出南下槟榔屿的族人谱系。1891 年 8 月 20 日，由谢允协领导正式注册为谢公司[②]，并由石塘谢氏西山、水头、霞美、前郊、后郊、河尾、顶东坑、下东坑、庵仔前、涂埕下厝十个角头的后代共 14 人组成信理委员会负责一切活动事务。[③]

杨氏族人嘉庆年间有上瑶社杨文正、文贤和大埕等南下槟榔屿，因南来族众颇多，于是在望卡兰（Pengkalan）设立四知堂，作为议会

---

① ［马来西亚］陈剑虹：《槟城福建公司》，槟城：槟城福建公司，2014 年，第 52—53 页。

② Straits Settlements Goverment Gazette,May 26,1916.p.1835.

③ 《谢公司历史》，参见 http://cheahkongsi.com/history/。笔者 2017 年 3 月在海沧区田调发现，槟城谢公司的十个角头与如今海沧谢氏世德堂华侨联谊会的角头名称有些许出入。现行槟城世德堂谢公司的章程所载：每个角头出 2 名信理员。这已经与原乡按照人数多寡来分配理事名额的做法不同。参见《石塘谢氏世德堂福侯公公司章程》，1999 年，第 4 页。

之所，并为贫病失业同乡提供基本生活福利，也供奉原乡保护神使头公神像，后移到乔治市区。[①]南来各社皆有家长，上瑶社家长杨叔民、商民和杨秀苗，后溪社家长杨百蚶、文追，浮南桥郑店社家长杨清合，厦门家长杨月明，潮州郡家长杨源顺等，每逢六月十八日迎神，各社轮流帮理。公项皆由霞阳社杨一潜掌管。杨一潜去世后，公项因霞阳社族人人多势众而霸占，为此其他社族人还曾向华民护卫司状告此事。此事记录在《三州府文件修集》，没有具体年份落款。[②]华民护卫司1877年方在新加坡设立，想必此事发生在1877年之后。如今霞阳社应元宫最早出现的记录是在1886年《创建平章会馆碑》，霞阳社独占杨氏祭祀公项，应该也在此年之前，即1877—1886年之间。可知19世纪上半叶杨氏并非一般认为的都来自海澄三都霞阳社，而是由共同的始祖元末杨德斌派下各地，上瑶社属同安县[③]，后溪社亦属同安[④]，浮南桥郑店社属漳州南靖县[⑤]，加上厦门和潮州的杨氏族人，可见槟榔屿的杨氏在19世纪上半叶属于郑振满教授所说的合同式宗族。直至1877年之后方排除三都以外的杨氏族人，单独成为只有霞阳社成员的杨公司。1891年8月19日注册为合法社团。[⑥]槟榔屿的霞阳社杨氏，承继三都世系，分为四房，大房一角，二房七角，总称桥头，三房一角，四房九角二社。

林氏九牧派裔孙莆田林让，元末明初迁居海澄县三都鳌冠社，后

---

① ［马来西亚］陈剑虹：《槟城福建公司》，第71—72页。

② G.T.hare(ed.).*A Text Book of Documentary Chinese*, Singapore, Government Printing Office,1894.pp.17-19.

③ 《重修辉明仙祖宫碑记》，载郑振满、［美］丁荷生编纂：《福建宗教碑铭汇编·泉州府分册》（下），福州：福建人民出版社，2003年，第1227页。

④ 同安县地方志编纂委员会编：《中华人民共和国地方志·同安县志》（上），北京：中华书局，2000年，第616页。

⑤ 林殿阁主编：《漳州姓氏》（下），北京：中国文史出版社，2007年，第1470页。

⑥ *Straits Settlements Goverment Gazette*,May 26,1916.p.1835.

048

图 2-2 闭门谢客的槟城植德堂杨公司（2016 年 8 月 6 日，宋燕鹏摄）

裔共分宫前、下河、石椅、竹脚、红厝后、山尾 6 个角头，前两个角头组成勉述堂，6 个角头又共组敦本堂祭拜祖先晋安郡王林禄和天上圣母妈祖林默娘，也属于祠堂和神庙二合一。[①] 自 1821 年起，来自中国福建省漳州府海澄县三都鳌冠社的林姓族人先后往返槟城与鳌冠社之间经商谋生。1863 年，原籍鳌冠社的族长林清甲在槟城组设敦本堂及勉述堂，他们在槟城港仔口街门牌 164 号恒茂号附设联络处。直到 1866 年林氏九龙堂建成之后，两堂才迁入九龙堂内。1891 年 8 月 20 日，九龙堂林公司注册为合法社团。[②] 与原乡鳌冠社敦本堂只是 6 个角头后裔相比，林氏九龙堂接纳来自福建省漳州海澄三都的林姓族

---

① 2017 年 3 月笔者田调所获。
② *Straits Settlements Goverment Gazette*, May 26, 1916. p.1835.

图2-3　大门紧锁的槟城九龙堂林公司（2016年8月6日，宋燕鹏摄）

人为会员。勉述堂的会员则是其中两个角头，即宫前及下河的林氏后裔。虽然这三个组织同处一个屋檐下，但他们拥有不同的管理机构，并各自处理堂务。[1] 林氏九龙堂内主祀天上圣母，每年农历三月廿三举行隆重祭奠欢庆妈祖诞辰。可知林氏九龙堂在鳌冠社林氏的基础上，扩大到三都的林氏宗亲。此点与邱、谢、杨三姓仅限原乡单一村社宗族成员明显不同。

　　陈氏来源复杂，并非来自海澄县三都。1801年的一张地契说陈圣王公司在大街13号购买了一个单位的土地[2]，证明陈公司是五大姓里最早成立的。嘉庆十五年（1810）一份《公议书》记载了陈氏宗亲

①《慎终追远：乔治市的宗祠家庙》，槟城：乔治市世界遗产机构，2015年，第32页。
②《"被遗忘"地契证明成立年份　颍川堂陈公司"身世"大白》，《星洲日报》2014年3月22日。

对陈圣王的祭祀情况。

> 盖闻公业虽借神之所建，夫蓄积必因人而所成，惟值事之人，秉公方能有成。前我姓陈名雅意者，有置厝一间，因其身故无所归著，是以众议将此厝配入为圣王公业，收取税银以为逐年寿诞庆贺之资，并雅意之忌祭亦不致缺废，是使神龟具有受享，皆我同宗之义举也。然已年久且又同姓众多，贤愚不一，恐公业废弃无存。再议此厝不得胎借他人银两，如逐年值事之人，著有殷实之人保认，方得收此厝字，再待过别值事，则收厝字交付其收存，至费用之账，若有存项，公议借与他人则可聚而不散，方为绵远，年年轮流，周而复兴。①

1831 年，槟榔屿陈氏正式创建威惠庙，奉祀开漳圣王陈元光。1837 年陈秀枣将大街三间屋业，从个人信托转换为陈圣王公司。陈元光是北宋以来闽南各地威惠庙所祭祀的神明，被闽南陈氏奉为始祖。1878 年的《开漳圣王碑》正式将开漳圣王庙定位为陈氏的家庙。② 槟榔屿筹建家庙的陈氏族人多来自同安。光绪四年（1878）颍川堂陈公司重修，在光绪四年和五年捐赠匾额的乔治市区的陈氏裔孙的籍贯是：同邑莲花社，泉郡同邑集美社、内头社、郭厝社、岑头社，琼州府，泉郡南邑十五都溪霞乡、龟湖乡，泉郡南邑潮州府。③ 来自同安县的有莲花社、集美社、内头社、郭厝社、岑头社，皆属同安，后四社在同安县南部，集美社、岑头社属今厦门市集美区，内头社属翔安区，

---

① 转引自［马来西亚］张少宽《陈公司的〈公议〉书为历史解开谜团》，《光华日报》2017 年 5 月 6 日，第 C6 版。
② ［马来西亚］陈剑虹：《槟城福建公司》，第 57—60 页。
③ 笔者 2015 年 4 月 5 日槟城田调所得。

上：图 2-4 槟城颖川堂陈公司（2015 年 4 月 5 日，宋燕鹏摄）

下：图 2-5 槟城颖川堂陈公司内的"威惠庙"匾额（2015 年 4 月 5 日，宋燕鹏摄）

郭厝社属同安区。另外还有南安县和琼州府、潮州府的陈氏裔孙。可知槟榔屿陈氏来源复杂。陈公司是在想象的共同始祖陈元光的名号之下，聚集起来的宗族组织。陈公司于1890年9月11日注册为合法社团。①

通过上述可知，五大姓最终的宗族组织模式，可以分为三类：第一类是邱、谢、杨三姓的单纯宗族，都来自中国海澄县三都村社（新江社、石塘社、霞阳社）；第二类是林氏的跨村社的宗族组织，林氏以鳌冠社为主体，吸收了三都其他村社的成员；第三类是陈公司以虚拟祖先陈元光为血缘联系纽带而建立的跨地域的宗族组织。19世纪中期以来成立的闽南宗族组织还有海澄三都钟山社的蔡氏②，紧邻三都的同安祥露庄氏、鼎美胡氏③、南安叶氏④等，尤其是庄氏在19世纪后期的建德堂领导层也多有人物，他们在泰南通扣坡、马来亚吉打州和槟榔屿进行商业活动，经济实力不容小觑。⑤五大姓并不是在19世纪初就取得压倒性的优势，在咸丰六年（1856）之后，挟着建德堂的影响，它们才在帮群内积极地参加活动，并树立起它独特的形象，客观地反映了当时福建帮在华人社会中所扮演的领导角色。

① *Straits Settlements Goverment Gazette*,May 26,1916.p.1835.
② 蔡氏建立水美宫作为宗族祭祀活动的场所，见《水美宫碑记》，[德]傅吾康、[美]陈铁凡编：《马来西亚华文铭刻萃编》第一卷，第877页。
③ 1863年，来自中国福建省同安县鼎美村之胡氏族人召集同乡的宗亲组织胡氏宗祠，并依据故乡祖庙，将宗祠定名为鼎美胡氏敦睦堂，以提醒后人不忘原籍。参见《第二届星马胡氏恩亲大会暨槟城帝君胡公司144周年纪念特刊》，槟城：帝君胡公司，2008年，第71—72页。
④ 南安叶氏宗祠和供奉惠泽尊王的慈济宫是一体的。可知叶氏早期亦是围绕家乡神的崇拜而组织起来的。
⑤ 有关槟榔屿和吉打州同安庄氏的研究，笔者仅见吴小安教授有专门论述。参见 Wu XiaoAn, *Chinese Business in the Making of a Malay State, 1882-1941: Kedah and Penang*, London: Routledge.2003。

第三节　19世纪邱氏宗族组织在槟榔屿的再建构

五大姓中，邱、谢、林及后来的杨氏皆来自漳州海澄县三都（在今厦门市海沧区），其中邱氏皆来自新江社。马六甲三宝山在乾隆时期就已经有新江邱氏的墓碑。如乾隆丙辰年（1736）墓碑上刻"新江 考天盛邱公之墓"的字样。[1] 邱氏曾在同治初年修族谱《新江邱曾氏族谱》，并且在2014年又续修族谱，续修的族谱除了保存同治族谱的内容外，还记录了中国侨乡和槟城邱氏同治迄今的大量宗族成员信息。据《新江邱曾氏族谱（续编）》所载，早在1784年就有出生于乾隆己巳年（1749）的井房邱善与葬在槟榔屿[2]，说明早于1786年英国人开埠。可惜的是，除了族谱，还没有发现墓碑等一手资料证明之。新江邱氏迁居槟榔屿从事贸易或者其他工作，新来移民和土生子孙在今天槟城乔治市西南打铳巷邱公司四周和海墘一带聚族而居，靠同乡和宗族关系，可以互相照应。以后葬在槟榔屿的邱氏族人的记载不绝于书。由于邱氏宗族资料丰富，我们以之为例子来详细说明槟榔屿漳州宗族的内在演变路径。

一、海澄三都新江邱氏的宗族组织结构

新江邱氏原本姓曾，属龙山衍派，南宋末年居于厦门岛曾厝垵，所以号称邱曾氏。元朝始祖迁荣公入赘邱家，三世大发为邱姓，元末明初为乱党所杀。子胜宗生广良、广温、广忠。广良裔孙居柿宅，分派宅房；广温裔孙居海墘，分派海房，海房传六世分为六房：海长、海二、海三、海四、海五、海六，海六房传到十二世就终止了；广忠

---

① ［马来西亚］黄文斌编著：《马六甲三宝山墓碑集录》，吉隆坡：华社研究中心，2013年，第111页。

② 《新江邱曾氏族谱（续编）》，2014年，第1086页。以下正文简称"族谱"。

裔孙居墩后，为今墩后房。墩后房传到七世分出四房：门房（文聪派）、井房（文容派）、梧房（文富派）和松房（文渊派、文绰派、文翰派，今统改为榕房）；传到八世时，门房又分出屿房（世畴派）；三世正发生进宗、玄宗。进宗裔孙后分派田房；玄宗裔孙后分派岑房。邱氏宗族房支有以下内容：

　　五派：宅派、海派、墩后派、田派、岑派；

　　九房头：宅派、海派、门房、屿房、井房、梧房、松房（榕房）、田派、岑派；

　　十三房：宅派房、海长房、海二房、海三房、海四房、海五房、门房、屿房、井房、梧房、松房（榕房）、田派房和岑派房；

　　四大角：（1）岑房、田房、松房（榕房）；（2）门房、屿房；（3）梧房、宅房、井房；（4）海墘角。①

很明显，五派里只有海派是人数最多的，并且分出来五房长期延续。门房和榕房虽然都下有数房，但都没能分出列入十三房的行列。四大角的组合，基本上是按照人数势力来划分的。1. 岑房、田房本身后裔不多，且来源于一个始祖正发公；2. 在墩后派下面的门、屿、井、梧、榕五房里，前四者拥有共同的始祖纯乾公，而榕房始祖是纯乾公的兄弟惠乾公，因此榕房和人数较少的岑房和田房组成一角；3. 屿房本身是从门房分出，因此二者组成一角；4. 井房、梧房和门房三房始祖虽然是亲兄弟，但门房后裔众多，门房祖文聪有五个儿子，其中世畴成为屿房祖。文聪兄弟井房祖文容、梧房祖文富则后裔不盛，因此和宅

---

①《新江邱曾氏族谱（续编）》，2014年，第46页。

图 2-6 厦门海沧区新江社区正顺宫（2016 年 3 月 19 日，宋燕鹏摄）

派房组成一角。

邱氏大宗有诒榖堂，是新江邱氏裔孙共有的祖祠。祀新江邱氏历代祖考，供奉始祖迁荣公及其繁衍各派系子孙神位。每逢元宵节，族人祭拜祖先，念祖思根。宅派祠堂号澍德堂，海墘派祠堂号仰文堂（海长房祠号思文堂，海二房祠号裕文堂，海五房祠号追远堂），墩后派祠号敦敬堂（门、屿、井、梧、榕五房共有，门房祠堂号垂德堂，屿房祠堂号垂统堂，梧房祠堂号裕德堂，榕房祠堂号榕墩堂），田派祠堂号丕振堂，岑房祠堂号金山堂。海三、海四和井房没有单独的分祠堂号。

新江最大的宫庙是正顺宫，祭拜的主神是大使爷和二使爷，即谢安和谢玄。"正顺新宫，甘棠旧庙，庙祀晋广惠尊王暨姪谢将军，人爱其德，故曰甘棠。有明以来，以宋吴大帝善保民生，乡崇其祀，因与广惠尊王同庙。东山霖雨，文圃毓奇，名正而言顺，正顺宫之号其由此而更之兴。"① 正顺宫是邱氏宗族所祭祀的庙宇，随着邱氏族人向外迁徙，凡是邱氏宗族聚居的地方，都会有祭拜大使爷的庙宇。

以上是新江邱氏的宗族结构，这对下南洋的邱氏宗族有重大影响。

二、19 世纪初槟榔屿邱氏宗族组织的雏形

早期南来的邱氏宗族成员，在经济实力有限的情况下，依然参与了槟城华人社会的活动。1800 年，槟城最早的华人庙宇广福宫创建，各路华人积极参与捐款。"名商巨贾，侨旅诸人咸欣喜悦，相即起库解囊，争先乐助。"② 十元以上捐赠者中，邱氏族人计有：邱来官 46 大元，名列 19 位；邱尧官 25 大元，名列 33 位；邱益官、邱笃官、邱旁官各捐 20 大元，名列 38、39、40 位；邱乾官捐 10 大元，名列 68 位。③ 在 88 位十元以上捐赠者中，邱氏只有 6 人，可知经济实力还没有太突出。在道光四年（1824）重建广福宫的捐款中，邱氏就开始有比较明显的变化了。屿房的邱明山以捐银 160 元名列第六。④ 说明邱氏的经济实力开始增长。经济实力增长之后，邱氏宗族活动就要提上日程。

1. 邱氏宗族祭祀组织的形成。马来西亚华人社群形塑的最初阶段，往往是围绕着神明祭祀开始的，因为身居海外，生死是重要的人生内容。生要依靠神明保佑，死后要有葬地。邱氏宗族也不例外，邱氏在原乡围绕正顺宫进行大使爷的祭祀，下南洋的邱氏宗族成员，也会将

---

① （清）邱威敬：《重修正顺宫碑记》，碑镶嵌于正顺宫右侧碑廊。录文可参见许金顶编《新阳历史文化资料选编》，广州：花城出版社，2016 年，第 18 页。
② 《创建广福宫捐金碑记》，[德] 傅吾康、[美] 陈铁凡编：《马来西亚华文铭刻萃编》第二卷，第 526 页。
③ 邱氏捐赠者引自上述《创建广福宫捐金碑记》。"官"是闽南人对男子的尊称。上述数人无法在族谱查到，因为族谱都是双字官名。
④ 《重建广福宫碑记》，[德] 傅吾康、[美] 陈铁凡编：《马来西亚华文铭刻萃编》第二卷，第 532 页。

图 2-7 槟城龙山堂邱公司内供奉的大使爷（2013 年 11 月 2 日，宋燕鹏摄）

大使爷祭祀带到移居地。槟榔屿的邱氏宗族成员，就首先建立了大使爷的祭祀组织，从而形成邱氏宗族组织的雏形。

2. 出现宗族公共基金"公项"，而后又购买店屋作为宗族公业。邱埈整和邱明山是 19 世纪 20 年代邱氏的佼佼者。1824 年广福宫重修，二人名列广福宫八名董事之中。当然八名董事都是闽南人。邱埈整"又与房亲等积蓄更置文山堂，以为海房公业，后人利赖，公实有力焉"。文山堂是槟榔屿邱氏海房的小宗祠堂，可知文山堂的建立要早于槟城邱氏大宗祠龙山堂。在嘉庆年间海房就已经有"公项"来作为祭祀费用。"我海房公项，则因嘉庆丙子鸠金，应谢大使爷，捐缘于甲申，将原缘归还。"[1] 嘉庆丙子年是 1816 年，甲申年是 1824 年。

---

[1]《文山堂建立公项碑》，[德]傅吾康、[美]陈铁凡编：《马来西亚华文铭刻萃编》第二卷，第 858 页。

3.1835 年是槟榔屿邱氏宗族建构的重要一年。此年诒榖堂在槟榔屿建立。上文已提到，邱氏宗族原乡的大宗祠是诒榖堂，槟榔屿邱氏宗族不可能每年都回到原乡祭祖，因此在槟榔屿的邱氏宗族只能暂居本族店屋祭祖，而海房的文山堂建立较早，这对邱氏宗族是一个离心性的行为，因此邱氏大宗祠在槟榔屿有必要建立起来。"槟城诒榖堂者，经始于道光乙未之秋也。初我族人捐赀，不过数百金，上下继承，兢兢业业，分毫不敢涉私，至是遂成一大基础。"[①]诒榖堂的建立，说明在槟榔屿开埠 40 多年里，邱氏宗族的经济实力有了很大提升。尤其是在船运和贸易方面，比如屿房邱明山创立明公司拥有两艘大船——排水量为 350 吨的三桅帆船"安洁丽卡号"（Angelica）和排水量为 189 吨的双桅横帆船"卡萨多尔号"（Cassador）——负责运载海峡土产如锡、藤、鱼鳔、鱼翅、燕窝和香料到澳门，并从那里将中国商品如茶叶、黄铜器、油纸伞、瓷器和烟草运回槟城。[②]邱明山本人"为人慷慨，好善乐施，重族谊于槟城，募重赀为公项，深得众望"[③]，正是因为有经济实力做靠山，槟城邱氏开始进行宗族组织的进一步建设。

三、槟榔屿邱氏大宗组织的成型——龙山堂建立

咸丰元年（1851）槟榔屿龙山堂建立，这是一个标志性的事件，表明经历了槟榔屿开埠 60 余年的发展，邱氏终于完成了大宗组织的再建构。

外国与中华殊俗，所谓槟榔屿，则尤远隔重洋，风教迥

---

① 《诒榖堂碑记》，［德］傅吾康、［美］陈铁凡编：《马来西亚华文铭刻萃编》第二卷，第 860 页。
② ［马来西亚］黄裕端：《19 世纪槟城华商五大姓的崛起与没落》，［马来西亚］陈耀宗译，第 35 页。
③ 《新江邱曾氏族谱（续编）》，2014 年，第 1018 页。

图 2-8 槟城龙山堂邱公司（2013 年 11 月 2 日，宋燕鹏摄）

别。闻客兹土者，典礼缛节，恪守诸夏常仪，亦可见来此之多君子，故能随处振励，以不失文采风流也。然羁旅之乡，创造尚阙，遇有盛典胜会，必先期择地而后行礼，扫除劳瘁，冗杂非宜。有心者欲建一所，仿内地会馆之制，阅历多年，未得其便。去秋，邱氏族来自海澄新江者，相准其地买得之。是地本英商某肇创基域，外环沧海，面对崇山，栋宇宏敞，规模壮大，因而开拓修葺，高下合制，爰改造而更张之。门高庭辟，植桂种树遂蔚然成阴而茂盛，颜其额曰龙山堂。凡族之神福赛会，以及新婚诸事，概于是堂以序长幼、敦敬让、修和睦，盖是堂之关于风化匪少也。

……堂之中，奉大使爷香火，盖新江本有祀，而客地亦多被神庥，所以出资成堂者，新江原蓄有本社诸公业，因而谋之不别捐题也……①

①《龙山堂碑》，［德］傅吾康、［美］陈铁凡编：《马来西亚华文铭刻萃编》第二卷，第 856 页。

从上述碑文可知，龙山堂的建立，原本就是有关宗族礼仪的需求。"神福赛会"，意指祭祀大使爷，"新婚诸事"，是有关婚礼。龙山堂因此是在诒穀堂的基础上兴建的，1959 年的重修碑记追忆："槟榔屿龙山堂为吾新江邱氏庙堂，清道光乙未公元一八三五年，吾族侨屿百余人醵资肇建者也。"[①] 可见龙山堂整合了过去大使爷祭祀和诒穀堂宗族祠堂的功能，也就是龙山堂可以达到"序长幼、敦敬让、修和睦"的目的，在远离故土的槟榔屿，也能达到敬宗收族的功效。

龙山堂建立，是槟城邱氏宗族的一件大事，不同房支的裔孙都加入进来。碑刻落款有十位家长和四位董事，列表如下：[②]

表 2-1 龙山堂创建时家长与董事房属一览

角（房）\\姓名		一角			二角		三角			四角				
		岑房	田房	榕房	门房	屿房	梧房	宅房	井房	海一	海二	海三	海四	海五
家长	华栋										◎			
	峻文										◎			
	峻对													◎
	峻乞	◎												
	心美					◎								
	石泉			◎										
	江水										◎			
	台品				◎									
	四方		◎											
	肇帮					◎								
董事	心菊													
	柳幼									◎				
	峻文										◎			
	天德									◎				

资料来源：《新江邱曾氏族谱（续修）》，《龙山堂碑》（1851）。

---

① 《重修龙山堂邱公司碑记》，[德] 傅吾康、[美] 陈铁凡编：《马来西亚华文铭刻萃编》第二卷，第 864 页。
② 董事邱心菊在族谱中未见到，故缺房属。

从表 2-1 可见，1850 年时，四大角都有代表进入"家长"行列，其中四角海房四位居首，其次一角居其次三位，其中邱四方是 19 世纪中期槟榔屿的闻人，去世后有一条巷命名为"四方巷"（Lorong Soo Hong），然后是二角两位，三角一位，海墘角的实力在诸房之上，且海二房就有三位代表。梧、宅、井三房组成的三角，只有梧房一位代表，势力最弱。董事中，已知三位都是四角海墘角的成员，尤其是海长房有两位，这样在海墘角内部，海长房以两位董事，海五房以一位家长，海二房以三位家长、一位董事，组成海墘角的基本权力结构。

1906 年重修龙山堂时，邱炜萲（即邱淑园）写的碑文重点阐述了龙山堂的六个重要意义：（1）正名称，"凡非吾新江族人，皆不得相混"；（2）详沿革，罗列历次重修，以明先人不易；（3）明祀典，"吾乡旧祀王孙大使，今欲无改乡风，堂中额沿正顺宫，以妥英灵。左福德祠，妥福德正神，右诒穀堂，妥新江历代祖考。盖诒穀堂即吾新江大宗题额，观此者如观于乡"；（4）备形胜；（5）通礼俗，"冠婚庆典""神福赛会"皆在此举行；（6）重继述，"堂之旁有崇议所，年月之出入，世事之大小，咸于此议之"①，是宗族议会之处。槟榔屿邱氏龙山堂将原乡的邱氏大宗祠和正顺宫的功能合而为一了，成为槟榔屿邱氏宗族的核心。

四、血缘的再强调——同治《新江邱曾氏族谱》的编撰

族谱不仅是时代的产物，不同时期编修的族谱及其编修的过程也反映着时代的变迁。在明清两代乃至近代，一个家族编修的族谱，往往随时间的推移和历史环境的变化而有不同的形式和内容，而通过这

---

① 邱炜萲：《重修龙山堂碑记》，［德］傅吾康、［美］陈铁凡编：《马来西亚华文铭刻萃编》第二卷，第 862 页。

些不同形式和内容的族谱及其纂修过程，又可揭示家族发展和时代变迁的阶段性特点。[①] 新江邱曾氏在清代同治以前，曾有族谱，至少修撰过三次，其中万历元年（1573）一次，万历三十八年（1610）第二次，但是在清代都散佚了。清康熙壬子年（1672）11世田房邱尔辅先是编纂了田房家谱，又扩展为《续修新江邱曾氏族谱》，但是手写，未刊刻。我们现在能见到的最早的是同治二年（1863）修，完成于同治丁卯年（1867）的族谱。刻本。由谱首（1本）、谱图（5本）、谱传（21本，原本20本，另加1本补遗）构成。内有姓氏源流、先祖像赞、墓图、族产、祠堂、谱例、祭祀、科第、衣冠盛事、艺文、家法族规等内容。谢谦亨为族谱所撰的序言说道："且夫为高因丘陵，为下因川泽，重所因者，明其基业之所由振也。万物本乎天人，本乎祖慎所本者，纪其支派之所由蕃也。"[②] 这是从天人的角度来说明族谱的意义了。

1862年是晚清太平天国后期，江南地区战事正盛，福建沿海虽然没有直接受冲击，但是江河日下的清王朝，对华侨出国事实上已经无法控制。迁徙到槟榔屿的邱氏族人，日渐增多，且多生意有成，随着第二代、第三代的出生，与祖籍地的血缘联系日渐淡薄，族谱的意义，在于维持槟榔屿族人与祖籍地的联系。血缘纽带成为加强祖籍地观念的重要符号。族谱也就在此时应运而生了。

编纂同治族谱的总理是海长房的邱柳幼（1805—1866），第17世孙，太学生，官名楫，字华缆，族谱以字行。为邱汉凌（1784—1817）之子。邱汉凌为邱得意（1738—1822）之次子，与兄兴嗣（1778—1838）皆葬槟榔屿。邱柳幼"祖父年老，母亲躬亲操作，……辞母远行，径至槟榔屿营谋生业，稍有余积，辄寄家乡以供甘旨。越数年，祖父

---

① 饶伟新主编：《族谱研究》（第1辑）导言，北京：社会科学文献出版社，2013年，第16页。
②《新江邱曾氏族谱（续编）》，2014年，第28页。

终，奔归治事丧葬，成礼服阕，仍复诣屿，营创年逾，弱冠如归。（妻）杨氏……事姑相父不逾妇节，公以中馈有托，无内顾忧，遂专心往外，服贾栉风沐雨，涉浪冲涛，经营四十载余，虽往复不常，从此而家获少康。继念母氏，春秋高思，急流勇退，遂舍贡贾而归养焉。于是延师课子，经理家务，严整有法，母逾八旬而安健犹壮，岁自念少时清苦，心怀恻怛，尤好施济贫乏。……公在屿尝募建龙山堂，在乡招筑小宗，倡修族谱，凡系义举，无不乐为……"[1]清代末年，官学渐渐废弛。太学生并不务学，多纳粟入国子监。邱柳幼的"太学生"名衔应该如此得来。重修族谱，不仅需要文化，也需要钱，他在槟榔屿经营四十多年，且能在槟榔屿募建龙山堂，并且在新江重新筑造小宗，即小宗祠堂，并能纳粟得太学生，可见有一定财力。他在槟榔屿应该知道有很多邱氏族人葬在当地，如果族谱不再加整理，势必很快就会被家乡的族人遗忘。因此，邱柳幼在1862年倡修族谱，所面对的就是邱氏族人流散海外的现状。

族谱的修撰对槟榔屿邱氏族人的凝聚力起到重要作用，也成为龙山堂重要的血缘参考。但是在2014年重修族谱的时候，就有大量槟榔屿邱氏族人无法和1862年的族谱对接上，反映了咸丰以后南来的邱氏族人文化不高，也没有意识去保存自己的谱系。当时槟榔屿邱氏各房派出资共英银1790元，说明槟榔屿邱氏族人要比原乡的族人更加重视修谱之事。从某种意义上说，同治重修族谱，主要目的是把咸丰以前下南洋的邱氏族人统合到族谱中。槟榔屿邱氏宗族的核心成员，这部分族人谱系完整，代际分明。槟榔屿邱氏宗族组织最终成型。

---

① 《新江邱曾氏族谱（续编）》，2014年，第366页。

第三章　20世纪上半叶英属马来亚槟榔屿福建省社群组织的形成

众所周知，马来西亚闽南话被称为福建话，相应地闽南人被称为福建人，这不仅是华人内部的称呼，英国殖民政府在1891年做人口统计的时候，也将操闽南话者记录为福建人（Hokkien）。产生这种现象，主要源于19世纪槟榔屿人数居于绝对优势是福建省操闽南话者。与新加坡福建会馆1860年、马六甲福建会馆1800年、吉隆坡福建会馆1885年成立相比，槟榔屿福建会馆迟至1959年方才成立。这是整合福建省籍贯社群的组织，不仅有闽南人，也有兴化人、福州人、汀州和诏安县客家人，与19世纪槟榔屿福建人的观念大相径庭。笔者正是以这个差异为线索，找寻槟榔屿福建社群在1900年以后的活动，以及福建社群形塑的路径。这不仅可以加深理解马来西亚福建人社群形塑的差异，也可以推动马来西亚区域华人社群的相关研究。

第一节　被排挤的福建省其他社群在1900年前后的崛起

泉州府和漳州府，自宋代以降，就有先进与落后的区别。尤其是宋代泉州进士的数目要远远多于漳州。无论是经济，还是文化上，甚至是同属闽南方言的漳州话和泉州话，都有明显差异。这些差异成为南来华侨乡土认同的基本出发点。

图 3-1 槟榔屿凤山寺（2020 年 5 月 28 日，叶瑞杰摄）

　　南来槟榔屿的漳州海澄县三都的各个宗族大姓，他们由于和泉州的同安县紧邻，且多有婚姻往来，所以同安县籍人在槟榔屿很容易被漳州社群所接纳。而在五大姓为代表的漳州社群之外，在槟榔屿的泉州南安、安溪、永春等籍贯社群，由于在 19 世纪上半叶南来人数较少，经济实力有限，无法在广福宫捐赠中居于主导地位。且在福建人为主的诸神庙，如清水岩（蛇庙）或者大伯公庙，很难有一席之地。因此，南安、安溪、永春诸社群建立了凤山社的祭祀组织，供奉广泽尊王，以团结泉州籍社群。1864 年槟榔屿凤山寺《广泽尊王碑》记载："福建凤山社藉我泉属董事：永郡孟承金，南邑梁光廷，安邑叶合吉，爰我同人等公议建立庙宇于山川胜地，崇奉敕封广泽尊王，威镇槟屿。国泰民安，名扬海内；则四方之民，罔不咸赖神光赫显垂祐永昌。"①"永郡"即永春州。清雍正十二年（1734），福建总督郝玉麟请准，升永春县为永春州，辖德化、大田二县，直隶福建布政使司。民国二年（1913），

---

① 《广泽尊王碑》，［德］傅吾康、［美］陈铁凡编：《马来西亚华文铭刻萃编》第二卷，第 565 页。

图 3-2 槟榔屿凤山寺内 1864 年功德碑（2020 年 5 月 28 日，叶瑞杰摄）
图 3-3 槟榔屿凤山寺内供奉之广泽尊王神像（2020 年 5 月 28 日，叶瑞杰摄）

废府、州，仍为永春县。永春州原本就是从泉州中划分出来的，因此很自然地和泉州府籍社群联合在一起。被漳州宗族组织排斥的泉州社群，在广泽尊王的名号下，建立凤山社作为自己的组织。广泽尊王是源于南安县的地方神明，可以想见在凤山社的成员中，南安人应该居于主导地位。与此同时，同安人也不落人后，胡渊衡、李丕竣及洪添庆等，在重建福寿宫（供奉大伯公）、弯岛头水美宫（供奉三王爷）时居领导地位，似乎与漳系的神权组织，平分秋色，泾渭分明。①

---

① ［马来西亚］张少宽：《同安人在槟城领风骚》，《马来西亚槟城同安金厦公会庆祝成立七十五周年钻禧纪念特刊》，槟城：槟城同安金厦公会，1998 年，第 58 页。

在19世纪上半叶的槟榔屿，华人秘密会社凭借其不外传的礼仪和三十六誓，以地缘和方言群为组织纽带，构建起华社的内层，展现出强劲的凝聚力，抗暴御侮，团结自强。除了广府人为主的义兴公司（1799）外，还有和胜公司（1810，天地会一房，惠州人），存心公司（1820，原邱昭修为19世纪40年代领袖。后漳州人另组建德会，仅剩泉州人，安溪人叶合吉为19世纪中后期的公司家长），客家为主的海山公司（1823），和漳州人为主的建德堂（1844）。最终的格局是以漳州海澄人为主的建德堂和广府人为主的义兴公司、惠州人为主的和胜公司势不两立，也排挤同为闽南人的存心公司。[1]

同安人虽然在19世纪并未被五大姓排挤，但是除了陈氏之外，却也未能居于核心。在19世纪后期，同安人在槟城闽南社群中，最著名的闻人是李丕耀。他是南来的第四代华人，其父李心钤祖籍同安金墩，种植家。从1848年开始，在威省拥有大片园丘，广植甘蔗，并生产砂糖，为当时著名的制糖业闻人。其子李丕耀是当时槟城华人社会的著名领袖，也是开辟福建第二公冢的功臣。同安人的地缘社团，直至20世纪初才出现。1920年年初，先贤吕毓甫等假杜福星氏别墅陶然楼开座谈会，议决从速创立会馆，后数日正式开发起人大会，是日议决定名"南洋同安会馆"，旋因经济困难，停止活动。1923年吕毓甫重新提起复兴之议，四处募捐，因陋就简，购置打铁街巷门牌22号一楼一底，10月10日举行成立典礼。因1913年厦门从同安县划出设立思明县，金门岛划出设置金门县，为扩大组织联络感情起见，1947年4月6日召开特别大会，改名为"同安金厦公会"。[2]

---

①［马来西亚］陈剑虹:《槟榔屿华人史图录》，槟城: Areca Books，2007年，第75—76页。
②《本会史略》,《马来西亚槟城同安金厦公会庆祝成立七十五周年钻禧纪念特刊》，第29—30页。

图 3-4 槟城同安金厦公会外观（2016 年 5 月 24 日，宋燕鹏摄）
图 3-5 笔者在姓周桥（2015 年 4 月 5 日，史广峰摄）

    同安人在槟榔屿还有另外一群比较特殊的人群，那就是姓氏桥桥民。比如姓周桥桥民来自同安县杏林社、姓李桥桥民都来自同安县兑山村、姓陈桥桥民来自同安县丙洲社，还有姓林桥、姓杨桥。其中姓周桥桥民人数最多。百年前，槟城海港曾是许多外来船只卸货起货，买水集粮的地方。各姓氏桥的桥民在 1970 年代以前几乎清一色靠海为生，居民几乎都是船工。①

    最早成立的福建省籍的地缘会馆是槟榔州南安会馆，成立于 1894年，初期在柑仔园租赁屋舍为会所，多年后迁至红毛路（现为苏丹阿末沙路），再迁至甘光内店屋，后来于 1927 年在打石街 153 号买下两层店屋作为会所，1978 年再购置一间坐落在鸭家律的会所，作为永久基业。②

①《槟城同安人与姓周桥》，《马来西亚槟城同安金厦公会庆祝成立七十五周年钻禧纪念特刊》，第60—61 页。
②《槟榔州南安会馆简史》，《槟榔州南安会馆一百年纪念特刊》，槟城：槟榔州南安会馆，1994 年。

安溪人在 19 世纪后期已经开始在华社崭露头角，前述 1881 年槟榔屿华人最高领导机构——平章会馆创建时的 14 位领导人，广东、福建两帮各 7 人。福建帮的是邱天德、邱心美、杨章抑、谢允协、陈合水、叶合吉和林花鐇 7 人。只有叶合吉不是五大姓成员，他是安溪人。1919 年前，散居北马各地之安溪乡亲为数不少。由于要联结梓谊及维护乡亲之利益和团结，槟城先贤林文虎、施求来、林辉煌、李敬堂、林清渊、陈文扫、林德佑、沈文锦等，以及怡保、打巴、太平等地先贤，共同发起了组织。①

晋江人何时南来槟榔屿已不可考。背井离乡的"新客"，幸运的可以栖身较早南来的同乡或者亲属的地方。有的则寄居在各自的姓氏宗祠里，一间小房子，聚居十几二十人，所谓"估俚间"，大概不过如此。然后再由相关人士介绍工作。时间到了 1912 年，来槟榔屿的晋江人越来越多，经济实力渐趋雄厚，于是创立会馆的呼声渐起。刘惟明联络张茂楼、张贻谋、郭燕声、郭泰山、倪云山、陈清江、黄乃武等同乡进行筹组会馆的工作。当时会馆发起人之一的黄乃武系商场巨擘，熟习法律，对会馆的筹备奔走最多。最初租用四条路民宅，据《南洋名人集传》：刘惟明"君视同乡人旅槟日多，非集会团体，不足以联络乡情；于是召集同乡组织晋江会馆"。不久，筹资购置汕头街 20 号双层店屋，同时积极招募会员。王清波受到黄乃武鼓励，捐献吉打州铅埠数十英亩胶园，充作会馆产业，后胶园转卖，另购置四条路 71 号住屋一座。当时，不少晋江人在槟榔路的"吉宁万山"经营水果批发业，20 世纪 30 年代后的庄明恩，就是当年水果业的翘楚，名下水果店多间。他为照顾南来同乡生活，多介绍他们到该"万山"（即

---

①《槟城安溪会馆史略》，《槟榔屿安溪会馆重建落成纪念特刊 1919—2007》，槟城：槟榔屿安溪会馆，2007 年，第 63 页。

图 3-6 槟榔屿晋江会馆外观（2016 年 5 月 26 日，宋燕鹏摄）

巴刹，市场之意）贩卖水果。因此有段时间，"吉宁万山"的水果生意，几为晋江人包办。[①]

　　惠安人侨居槟城者，为数不少。惠安人南下，在民国十三四年（1924/25）到二十一二年（1932/33）之间，此时惠安农村破产，经济崩溃，盗匪蜂起，社会不安，人民痛苦臻于极点，迫使男女纷纷出洋。过港仔乃惠安侨民最初的开拓地，至今仍繁华，有"第二惠安"之称。在 20 世纪二三十年代的时候，惠安华侨在槟城商业各界都有不俗的表现。树胶业，刘玉水带着在陈嘉庚树胶公司任职的经验，创办启成公司于万山后海墘街，后复开设大成树胶于淡水港，资本多从惠安华

---

① ［马来西亚］张少宽：《槟榔屿晋江会馆 90 年成长中的史迹》，《槟榔屿晋江会馆九十周年庆典特辑 1919—2009》，槟城：槟榔屿晋江会馆，2009 年，第 12—13 页。

侨中募集，构成惠安华侨在树胶业内的重要地位。金业以许文麻、许生理、许吉成兄弟经营金联成号，在1911年辛亥革命以前已成巨贾。此外从事铁器、木材、打铁、打石、机器修理的建筑商也特别多。旅馆业、民信业、饮食业等行业，惠安华侨也都有极大势力。人力车业、巴士车业及汽车修理业、脚踏车业，惠安华侨也执行业牛耳。帆船、渔船和造船业，八成都是惠安华侨的资产。[1]可知在"二战"前的槟城，惠安人已经异军突起为一股重要的华人势力。当时槟城华人"囿于封建陋习，富畛域姓氏之高度意识，每因芝麻小事，闹至不可收拾地步……鉴于邑人之积习亟需改革"[2]，先贤许生理、庄达德、林呈祥、骆宗汉等，提倡组织社团，创立"螺阳社"于头条路。嗣因环境关系，无形中停顿。1913年，林呈祥、庄达德、王妈安等在1913年8月设立联合公司，经营银信业，楼上暂时充作惠侨联合会会所，1914年2月6日获得华民政务司批准，3月1日宣布正式成立。1937年建立新会所，改名惠安公会。

　　福州人南下槟榔屿的时间已不可考。但是在20世纪初的时候，福州人就建立了自己的同乡俱乐部——闽南别墅。1925年时，多位乡贤认为福州同乡旅居槟城人数渐多，实有组织会馆惠泽乡亲，联络桑梓沟通声息，守望相助安危共仗的必要，在闽南别墅成立"槟城福州会馆筹备委员会"，推举募捐委员，在本外埠筹募基金，供购置会所之用。凑足16500元，购下槟城鸭家律36号现今会所房产。1927年7月2日正式宣告成立。[3]

① [马来西亚]骆世生：《槟城惠侨之今昔》，《槟榔屿惠安公会二十五周年纪念刊》，转自《马来西亚槟榔屿惠安公会成立一百周年纪念特刊》，第231—237页。
② [马来西亚]骆金狮：《星马惠安社团先河 槟榔屿惠安公会沿革》，《马来西亚槟榔屿惠安公会成立一百周年纪念特刊》，槟城：槟榔屿惠安公会，2013年，第59—60页。
③ 《槟城福州会馆》，《槟榔屿福州会馆成立五十三周年纪念特刊》，槟城：槟榔屿福建会馆，2012年，第137页。

图 3-7 槟榔屿惠安公会（2016 年 5 月 24 日，宋燕鹏摄）
图 3-8 槟城福州会馆（2016 年 5 月 24 日，宋燕鹏摄）

第二节　1900 年前后福建省社群意识的形成

19 世纪中期开始，被五大姓所把持的福建公司，不仅不能成为五大姓的代言机构，也无法维护福建社群的边界。大量非漳州社群的南下，改变了原有的槟榔屿福建社群的基本生态。新的省级社群意识开始在槟榔屿形成，并且得到发展。

一、19 世纪槟榔屿福建人的社群边界观

19 世纪槟榔屿福建人的社群边界，在前半期依赖于峇都兰章福建公冢(Batu Lanchang Cemetery)。1805 年碑刻有云："我闽省踵斯贸易，舟楫络绎不绝。营谋寄迹，固属穰穰；而羽化登仙，亦复不少。义冢前人虽已建立，第恐日久年湮，茔重鳞叠，剃山航海，谁招死后之魂？

沐风栉雨，长抱生前之憾。触兔狐以动怀，徒有情伤物感；返柩骸而无术，难求地缩神方。用是爰集同人，捐囊随助。"[1]这个公冢255名捐赠者中，175人姓名带"观"字。周凯《厦门志》第十五卷《风俗记》"俗尚"条："闽俗呼人曰郎，呼公子、公孙曰舍，呼有体面者曰官，讹'官'为'观'，遂多以'观'为名者。"说明闽南人占了绝大多数。加上姓"辜""谢""邱"等虽然没有名字带"观"，但也可基本判定为漳州海澄人者，可以断定这个公冢捐赠者基本都是闽南人无疑。1856年开辟浮罗池滑福建公冢（Pulau Tikus Cemetery），1886年开辟峇都眼东福建公冢（Batu Gantung Cemetery），槟榔屿形成福建人社群的三大公冢的格局。表面上福建公冢成功排挤了同属福建省的汀州和漳州诏安县的客家人，维护了福建人的团结，但是在福建公冢内部，却同样存在血缘排挤的现象。众多家冢的存在，是早期槟榔屿华人社会具有显赫地位的族群的表征，代表着该族群在社会上的成就，可以加强一个姓氏族群内部凝聚力和本位观念。[2]但是李丕耀在掌管福建公冢的时候，将其开放给汀州和诏安客家人，省级籍贯意识开始出现。在这个时候槟榔屿福建公冢开放给福建省籍的客家人的原因，尚未有学者加以分析。笔者以为此时公冢的主事者李丕耀，祖籍泉州，是第四代华人，已经属于所谓的"峇峇"（即海峡华人）。这类华人对祖籍国的概念已经比较模糊，所认同的家乡已经不是清朝的福建，而是槟榔屿。他们虽然可以说闽南话，但是清朝原乡的那种地域观念，在他们看来，已经不是非常重要了。连带来的是，他们心目中的方言畛域已经模糊，而另外一种福建省的认同就开始发展。这在进入民国以后，更加在槟榔屿发展起来。

---

①《重增义冢碑记》，［德］傅吾康、［美］陈铁凡编：《马来西亚华文铭刻萃编》第二卷，第713页。
②［马来西亚］张少宽：《槟榔屿福建公冢暨家冢碑铭集》，新加坡：亚洲研究学会，1997年，第33—35页。

峇都兰章福建公冢因为是最早的福建公冢，单独成立董事会，浮罗池滑福建公冢和峇都眼东福建公冢则联合成立了董事会，因此同为福建人的公冢，却成立了两个组织。民国十三年（1924）两个董事会合并，成立了"槟城联合福建公冢"，完成了福建省社群边界的再建构。当时制定的条规"弁言"云："此三地虽名称均为福建公冢，而管理则分两部分。峇抵万章为一部。波罗知滑暨峇抵眼东为一部。各位董事，各以三年一轮值，各尽义务之管理，各行各事，犹秦越人之莫不相关也。且办事分为两处，加以地点屡易，致同侨之欲领照安葬者，每每误趋门径，甚形不便。以同为一省，同一名称之公共机关，而分彼此，贻讥外人，势所不免，识者耻之。董等因鉴及此，爰于壬戌之冬，先通两方意见，继开联席会议，亦均以合并办理为宜。事既解决，即以癸亥年元旦，为成立开办始期，取名联合福建公冢。……向有畛域之分，今亦借此泯除。"[①] 这个举措显示的是，闽南人为主体的福建公冢开始联合起来，维护了统一的社群边界。但是这个举措并未真正解决福建省社群的团结问题，因为新崛起的福建其他社群，没有机会进入福建公冢的领导层，真正的福建省的地缘组织，还要继续等待。

二、漳州意识的出现——漳州会馆的建立

漳州作为地缘意识，在如今马来西亚仅存在于槟榔屿和马六甲。早期南来槟榔屿的多为闽南人，尤其是海澄县三都的邱、谢、杨、林四姓。但是自1786年槟榔屿开埠以来，很长时间五大姓中的四姓并未建立地缘组织。直至1881年，槟城邱、谢、杨三姓组成具有资助

---

①《槟城联合福建公冢第一本办事章程暨三冢山条规》，《槟城联合福建公冢二百年》，槟城：槟城福建联合公冢董事会，1994年，第183页。

家乡性质的"三魁堂"，这是因为邱氏所在的新江社、谢氏所在的石塘社、杨氏所在的霞阳社，都在三魁岭周围。建立"三魁堂"就是为了将房屋所得的租金汇回家乡，以协助组织地方性"武装乡团"，拱卫家乡。[①] 据说原本"三魁堂"的印章是分成三部分的，只有三姓同时盖章，才能组成一个完整的印章，所通过的决议才能生效。同时三家姓氏公司各出四个人组成委员会，调节三家公司之间的纠纷和矛盾。[②] "三魁堂"至今犹存，每个姓氏公司轮流管理三年。三个姓氏公司又属于另一个扩大的地缘组织——槟榔屿三都联络局，这是 1896 年由福建省漳州海澄县内 108 社（村）组成的。当时因政局动荡，清廷调往厦门的粤军恣意掠夺，弄得民不聊生，岛内许多居民跨海到海沧避难，海沧乡绅发起捐助难民活动，但由于本地财力有限，三个月后捐资即无以为继，只得求助于马来亚槟榔屿的谢、邱、杨三家公司，因为其祖籍地分别是海沧镇的石塘、杏林镇的新江和霞阳。这几个华侨团体获悉后，马上联络槟城乡亲，成立"筹捐组"，并且向旅居东南亚各地的海沧侨胞通报情况，得到华侨的广泛响应，所得捐款陆续寄回海沧。第二年局势有所缓和，难民返回厦门，但是海外捐款仍在继续，槟城"筹捐组"于是派人回到海沧，检查救济款的使用情况，并与海沧乡亲商定，将临时机构"筹捐组"改为正式社团，以当时海沧区划属海澄县三都为名，成立"三都联络局"，总局设立在槟榔屿，海沧为分局，分局会址在海沧沧江小学里，并且用华侨捐献余款在槟榔屿购置总局会址，在厦门燕巢街（今镇邦路）、鱼仔市（今第八市场头）以及海沧购买了鱼池、果林，还拿出了一部分资金维修沧江小学校舍

---

① 刘朝晖：《超越乡土社会：一个侨乡村落的历史文化与社会结构》，北京：民族出版社，2005 年，第 128 页。

② Yen Ching-Hwang, "Early Chinese Clan Organizations in Singapore and Malaya, 1819—1911," *Journal of Southeast Asian Studies*,1981,12 (1) :62-92 ；颜清湟：《从历史的角度看新马宗亲会的发展和前途》，《亚洲文化》第 25 期，第 59—64 页。

和八卦楼。① 下面将《三都联络原序》和《槟城三都联络募捐善后序》移录如下：

三都联络原序

海澄，海疆一僻壤也，为朝廷所亟备防御之处，义为不易修防御之处。自戚继光、郑成功后，沿涯石砦、土栅，累累入望，诸父老犹能指数道之。烽烟之警，于斯也频数矣，而三都尤甚。三都东南背海，枕同安，腰厦岛。厦为中外停泊巨镇，轮蹄络绎，帆樯缤纷。山林啸聚亡命之徒，号召群不逞，乘而出没，穷无复之，则垂涎三都如屠上肉。时际秋冬，风霾云墨，闻有自西洋归，南洋、东洋归，穴韬重而尾之。手枪、刀、火炮，同安诸莽匪腰利械以助，虚布角逐之势，一炬号发，截门者、陷壁者、跳梁者、穴者、洞者，咆哮冲突。左右屏息蹑足以听，任捆橐去，战战不敢问谁何。即发朝蒋暮者，突遭诸林谷，身骈累以货，告无事，不幸又往往以伤杀闻。说者曰："官有营汛，乡有守望，胡隔膜至此？"岂知官设兵以防盗，兵畏盗甚于官。邻里中，壮长者贾外。百十老弱，谁敢出撄虎狼牙？即有奋不顾身出喊救，被鱼肉，药米无资，瞪瞪号泣。一人失望，百族寒心。甚哉！先辈联络旧规，不可不举也。且联络之举，防盗亦以防官。澄邑自来、樊二公外，廉吏寥寥。妇孺睚眦，取法无人，势不得不讼。黠有力者，唆于前；愚无知者，陷于后。票签一掷，吏下乡，猛于虎，不问曲直，先问肥瘦。讼平，中人十家之产罄矣。此皆因文昌祠条款不行，诸绅耆无从措手。呜呼，凡我伯叔

---

① 刘朝晖：《超越乡土社会：一个侨乡村落的历史文化与社会结构》，第129页。

甥舅，走千万里风波，瘁数十年心力，无非为事父兄贻子孙
计，岂知皆归盗橐，等谊关痛瘁，爰邀诸绅耆之廉慎者，倡
复募捐，略已就绪，不敢不赍送外洋，贻讥疏漏。如有同志
助捐，点滴归公，帝天共鉴。此事行，庶可补朝廷未备之防御，
息三都无端之讼狱，风俗人心，蒸蒸邹鲁。金曰：猗欤休战。
是为序。

光绪二十二年四月□日阖都绅耆 公启①

槟城三都联络募捐善后序

　　三都联络募捐经费，数年前曾已陆续举行。适其时埠中
外缘之来征劝者多，恐大众不能踊跃应募，故不得不暂时延
缓，以舒财力。第以联络之举，裨益无穷，勿论人心可以和
协，地方可以安谧，即讼事亦可少减。所关正巨，迥非区区
捐题之比。缓者，正所以郑重其事也。然而诸多美举。固在
当行，而捐款应需，势难终缓。适总局董嘱邱君慕齐来槟催
劝，因以出为再募，所有未收者收，未捐者捐。经今业已就绪，
共计集得缘金六千二百廿六元。举成数六千元存屿，余二百
廿六元除屿开零费外，尽数寄交总局应用。而存屿之六千元，
公议寄邱、谢、杨三公司轮流生息，递年将该利息寄交沧江
联络总局以应经费为久远之计，庶乡邻于此睦，风俗于此淳
矣，所设规条即列如左，望永远遵守于无替焉可。

①《三都联络原序》，《马来西亚槟榔屿三都联络局105周年纪念特刊1900—2005》，槟城：槟
榔屿三都联络局，2005年，第35—36页。

规条

一、本分局所收缘项计六千二百元，除开费及寄总局外，实存成数银六千元，即作为槟城本分局永远之公项，寄存龙山堂邱家大使爷、宝树社谢家福侯公、四知堂杨家使头公三公司生息，以垂久远，总局不得借端将此公项移动。兹经订定邱家作第一阄，谢家作第二阄，而杨家作第三阄，轮流当值，周而复始。公议每百元每月利息以六角伸算，递年逢十月值年者须将利息寄归沧江联络总局以资经费。若总局绅董办事不公，被本分局察出果属真情，此利息应行停寄。本分局合当具一公函前去总局诘问，待其重行整顿好势。然后依旧再寄。

二、本分局设日清账簿正副一样两本，凡出入银项均要载明在簿。值年者收银若干，须就正副簿上，结尾处盖该公司正印以为凭。正簿存值年生息处，副簿存上阄收执，以昭公稳，庶无差错之患。

三、本分局设公印一颗，文曰"槟城三都联络分局印"等字样，将印剖分三角，邱、谢、杨三公司各执一角，凡事用印，必集三姓合而盖之，方能准行。

光绪二十七年阳月□日　槟城三都联络分局董事邱天保、温文旦、邱有用、林有氾、林花镭、杨忠万、蔡水义、谢自友、杨允两、谢应莱启

三都联络局的建立，第一次将中国原乡海澄三都作为一个地缘观念在槟榔屿落实，并且形成了实实在在的组织。在此时，海澄三都的几个大姓的上层很多已经是在槟榔屿出生且长大的"峇峇"，他们的方言畛域已经不似前辈那么明显，地缘观念成为他们认同的主要方

图 3-9　槟榔屿漳州会馆（槟榔屿三都联络局）（2016 年 5 月 24 日，宋燕鹏摄）

面。通过上述"三魁堂"的建立，邱、谢、杨三姓建立了三魁岭的乡里观念，通过"三都联络局"又将三都观念在槟榔屿坐实。经历了槟榔屿一百年的开埠之后，几大姓的实力在槟榔屿已经开始衰落，他们面对的是一个泉州籍大量南下的时代，这种社群之间的竞争和挑战，是摆在海澄三都几大姓面前的重要课题。泉州籍大量南下，促成了漳州地缘意识的出现。漳州地缘组织应运而生。

漳州计有龙溪县、漳浦县、长泰县、南靖县、海澄县、诏安县、平和县、云霄县、东山县及华安县10县。据傅侨明回忆："忆及远在公元一九二八年初旬，吾同乡先贤因欲组织漳州会馆十县，漳侨联络机构，当由一般热心同乡父老辈，挺身出来，不辞劳瘁，分离奔波。广召会员。结果获得良好之反应，乡亲相继入会者，日益增加，未及一年之光景，已拥有三四百名会员，成绩甚为可观。当时本乡筹备会的地址，位于此间碧春律门牌三十九号一间住宅，全座承蒙由老乡亲故实业家邱善佑，慷慨惠借者，其对本乡会之热忱，实属可嘉，当时筹备委员会，发起人计有邱善佑，杨章安，林耀椿，邱有益，谢自会，邱永再，邱龙水，邱龙标，温文旦，邱宗等多人，继而着手进行申请注册手续。在同年年底即获得当地华民政务司批准为正式社。"[1] 从发起人的姓名可见，10名主要发起人中有6名邱氏、1名杨氏、1名谢氏、1名林氏，属于五大姓中的四大姓，温文旦是三都赤石社人。邱善佑于1886年10月27日出生于马六甲，在槟城大英义学攻读，离校后即襄助父业，成为槟城大实业家。他历任平章会馆信理员，1922—1964年任主席，1933—1941年任槟城中华总商会会长、华人参事局参事、保良局主席、工部局议员、中央医院委员、华侨仁善会发起人

① [马来西亚] 傅侨明：《漳州会馆今昔浅谈》，载《槟榔屿漳州会馆金禧纪念特刊1928—1978》，槟城：槟榔屿漳州会馆，1978年，第11页。

兼会长，益善社邱善佑奖学基金、龙山堂邱公司、绍德堂邱公司、敦敬堂邱公司主席、邱氏家族会信理员、大英义学校友会主席、中华体育会副会长、海峡殖民地立法议会非官吏议员、平枭局局长等。1920年曾荣膺太平局绅。① 可知漳州会馆是由邱氏龙山堂发起，杨、谢、林三姓参与，容纳其他漳州成员的社团组织。原来五大姓中的陈氏，由于主体是泉州同安陈氏以及其他地区的杂姓，而被排除出去了。漳州会馆的建立，就是四姓漳州意识崛起的标志，不仅容纳了漳州其他闽南方言社群，而且诏安客家人也可以名正言顺地加入了。

三、福建省社群意识和组织的形成——槟榔州福建会馆

槟榔屿具规模的福建籍地缘社团在"二战"以后就已经很多了，一直到1959年5月29日，以槟城晋江会馆当年主席苏承球乡贤为首，联合各乡团代表共同发起组织福联会，议决定名为：槟榔州福建会馆。当年出席会议代表名单：兴安会馆（2人）、永定同乡会（2人）、安溪会馆（1人）、南安会馆（2人）、同安金厦公会（1人）、惠安公会（2人）、龙岩会馆（1人）、福州会馆（2人）、惠北同乡会（1人）、德化会馆（1人）、永春会馆（1人）、惠南同乡会（1人）、漳州会馆（1人）、晋江会馆（2人）等14个乡团代表。1961年福联会成功获得注册官批准，1961年10月28日，筹委会召开会员团体大会，选出第一届职员，主要职员姓名及籍贯如下：

正主席：苏承球（晋江）

副主席：庄汉良（漳州平和县）、骆葆亨（惠安）

---

① 杨炳坤主编：《杏林文史资料》第一辑，厦门：中国人民政治协商会议厦门市杏林区委员会文史资料委员会，1997年，第112页。

图 3-10 槟榔州福建会馆
（2016 年 5 月 25 日，宋燕鹏摄）

正总务：李仰宗（龙岩）

副总务：李成兴（永春）、黄云霖（南安）

正财政：李华春（安溪）

副财政：林怡玉（福州）

正交际：王种罐（同安）

副交际：徐有勋（德化）、陈金宝（同安）

从上面的名单可见，邱、谢、杨、林四大姓已经离开了"二战"后的槟榔屿福建省社群的中心，在新的槟榔州福建会馆的领导层里已经毫无踪影。通过组织槟榔州福建会馆，福建省各地方言社群在社团里进行了职位的重新分配和整合。晋江人和惠安人在"二战"后的槟榔屿异军突起，成为福建社群的重要力量。据当时苏承球所言："组织的动机及目的，是为了联络各县、乡友会感情及推进在本州的社会福利事业，然后由小团结实现大团结，产生新的团结力量，以贡献本邦。"^① 这句话有两个含义，第一是 1900 年以后福建省的地缘会馆纷纷出现，但是没有联络机构，所以有必要组织起来，以增进感情和推进福利事业；第二是由小团结实现大团结，各个地缘会馆已经团结起来各自的籍贯社群，再联合起来就可以团结整个福建省的籍贯社群，这个更大的社团，就是新的团结力量。

槟榔州福建会馆的建立，是 20 世纪上半叶槟榔屿华人社会变迁的一个缩影。不仅是福建社群势力的重新整合，也是大历史的变迁中，槟榔屿华人社会集体反映的一个面相。19 世纪赫赫有名的五大姓衰落了，衰落的不仅是经济实力。随着五大姓土生华人的增多，他们的中国原乡观念逐渐淡薄，对英国殖民政府的认同与日俱增。五大姓公司逐渐变得内缩，更多关注自己内部事务，五大姓组成的福建公司也变成纯粹的祭祀组织。^②五大姓的衰落，与晋江、惠安等籍贯社群的崛起，此消彼长，是槟榔屿 200 年来福建社群演变的一大脉络。

---

① 《槟十二闽属同乡会决组织槟榔州福建会馆昨日会议 即席产生筹委会》，《南洋商报》1959 年 5 月 30 日，第 11 版。
② 2017 年 8 月 7 日，槟城乔治市田野调查所得。

第四章　霹雳州华人宗教与帮群的个案透视

第一节　中华道教近代海外传播的个案：
马来西亚霹雳州南天洞

1900 年 3 月初，丘逢甲（1864—1912）偕同王恩翔应广东保商局之邀，以联络南洋各埠闽粤商民的名义展开其生平第一次远行。他在新马游历的地区，除了新加坡和槟榔屿之外，还有霹雳、吉隆坡、芙蓉等地，并记载了 1900 年他亲眼所见的一些南洋风物。其中有一首《南道院》：

> 宝气搜残剩石头，石玲珑化洞天幽。三分得水知鱼乐，九曲看人作蚁游。荒外有山容道侣，海中无地不瀛洲。他年补入神仙传，曾费骖鸾半日留。林外方塘塘外山，洞门高下锁烟鬟。藤阴满院闻蝉语，云气当轩待鹤还。绝妙文心惟曲折，最难仙福是清闲。海天归去犹留梦，他日相思浩渺间。①

顾名思义，诗名有浓厚的道教味道，与诗歌中表现的神仙思想契合。王恩翔的诗歌为："开行七石唤车停，笙鹤云中集万灵。洞府约

---

① 丘逢甲：《岭云海日楼诗钞》卷七，北京：中华书局，2009 年，第 169 页。

寻南道院，红毛楼角海山青。"他有自注："英路程以三里半为一石，南道院石洞玲珑，尤为奇绝。"[1]但是在现有的丘逢甲诗歌研究中，笔者目力所及，尚未有人对南道院的所在有所考证。笔者于2013年12月由槟榔屿南下返回吉隆坡的路上，驱车经过高速路，发现路边有几个凿山为窟的庙宇，便停车参观。发现其中一洞名"南天洞"，庙中保存一口钟，上有铭文："南道院 沐恩弟子陈喜盛敬酬 法钟一口，光绪贰十五年己亥岁夏月吉立 隆盛炉造"，可证1899年时，庙名为"南道院"。通过这个铜钟，可知"南天洞"就是丘逢甲笔下的"南道院"。长久的疑惑迎刃而解。下面对1900年时的"南道院"、如今的"南天洞"做简单的历史追述。

一、"南道院"的创建

马来半岛地形狭长，南北为中央山脉贯穿，霹雳州及雪兰莪州部分多石灰岩山，造成与马来半岛西海岸诸州的地景不尽相同。霹雳州首府怡保，不仅是锡矿中心，而且"山明水秀，附近层峦耸翠，幽谷笼烟，朝晖夕阴，气象万千。加以近打河贯穿市区，郊外饶洞壑之胜，风景优美，民俗淳厚，不论自然地理与人文地理，都自有其值得羡慕的地位"[2]。

霹雳州中南部蕴藏着大量的锡矿，因此自19世纪上半叶，来自槟榔屿的华人矿主和矿工大量进入开采，最终因资源抢夺和霹雳州王位继承问题而爆发拉律战争（Larut Wars），英国殖民政府介入后，1874年《邦咯条约》（Pangkor Engagement）签订，因此霹雳州首府改名为太平（Taiping）。[3]但是随着中部近打县（Kinda）锡矿业的大发展，怡保（Ipoh）也迅速繁荣起来，最终霹雳州首府也迁到那里。英殖民

---

①［新加坡］李庆年编：《南洋竹枝词汇编》，第14页。
②《怡保市升格为自治市》，《南洋商报》1962年5月30日，第2版。
③［英］理查德·温斯泰德著，姚梓良译：《马来亚史》（下册），第430—438页。

政府最早的人口调查数据是 1891 年的，当时近打县有华人 39513 名，其中怡保有华人 2153 名，广府人有 1394 人，占总数的 64.75%，客家人（Khehs）有 734 人，占 34.09%。[①] 两者加起来就几乎是怡保华人的绝大多数了。在拉律战争前，进入霹雳州的华人早期以惠州客家矿工为主。1874 年太平开埠，1877 年即成立惠州会馆。因为中国惠州原乡的惠阳县和紫金县就富含锡矿，清代就以成熟的锡矿生产技术闻名。[②] 广东省是中国富含锡矿的几个大省之一，发现的较好的锡矿，1949 年前计有惠州紫金县、广州赤溪县（今台山市）、茂名电白县、海南儋县四属，均为锡砂，矿质尚好，产量亦丰。[③] 其他地区如梅州五华、兴宁、大埔等县也有丰富的锡矿。这些县都有大量的客家人。而南来马来半岛的客家人，多数就以锡矿业作为自己最优先从事的行业。来霹雳州的华人，无论是早期的惠州客家人郑景贵，还是后来的梅州客家人姚德胜，皆是如此。

尽管霹雳州客家矿家在二战前多有政治势力，但广府人比客家人多也是事实。不过，以省级行政区划来论，二者皆为广东省人，所以怡保的华人文化大体上说是以广府和客家为主的岭南文化，这是没有问题的。有华人的地方，必定有华人神庙。而由于华人做法事的需要，僧侣和道士也随之南来。

南天洞早年又名南道院 [④]，从其在政府注册的英文名 "Nam Toh Yuen Temple" 即可知。庙宇位于霹雳州首府怡保附近的 Jalan Raja

① *Census of the State of Perak 1891.*Taiping:Printed at the Perak Government Printing Office,1892, p.30.

② 惠阳市侨务办公室编：《惠阳华侨志》，广州：广东人民出版社，1999 年，第 69 页。

③ 杨大金：《近代中国实业通志》，南京：钟山书局，1933 年，第 266 页。

④ 黄韬山：《艺苑续谈》：“霹雳南天洞，一名南道院，为怡保名胜之一；洞天空大，气象雄伟，余曾题一长篇于其上，内有句云：'有如月氏天马将腾空，明皇羲象欲搏贼。惊鸢跕跕坠水来，大鹏矫矫待风击。羊肠九径让盘纡，太华三峰嫌修饰。钟乳累累垂玉带，醴泉涓涓涌石隙。'”见《南洋商报》1934 年 9 月 1 日，第 15 版。

图 4-1　霹雳州怡保南天洞（2013 年 10 月 31 日，宋燕鹏摄）

Dr. Nazrin Shah 路旁，北纬 4.3351°，东经 101.0646°，凿山为窟修建而成，共三层，是如今"怡保三洞"之一[1]，"胜景出乎自然，却深具鬼斧神工之妙。其间巉岩陡峭，石乳玲珑"[2]，也是著名的旅游景点。

据该庙特刊云："南天洞（南道院）立基于一八七九年，依道教传统尊奉道教为主座。历来威灵显赫，香火鼎盛。开山祖师为龚善德道长（公元一八七九至一九一四年）……"[3]该洞是否 1879 年建立已无确切证据，但开山祖师龚善德道长原为广东惠州归善县（今惠州市惠阳区）客家人，南来怡保弘扬道教。岭南道教源自罗浮山，罗浮山

①　其他两个是霹雳洞、三宝洞。
②《怡保市升格为自治市》，《南洋商报》1962 年 5 月 30 日，第 2 版。
③《马来西亚吡叻州怡保南天洞（南道院）创立 120 周年纪念特刊》，怡保：南天洞，1988 年。

道脉源远流长，其两千多年的道教历史，铸就了岭南道教祖庭。历代皆有著名的道士在罗浮山修行。因此罗浮山成为岭南第一道教圣地，号称"十大洞天"之七。但龚道长到底是由何处出家，师承何派，已不可知。

龚道长留存的文件，有手抄本《率性阐微》，该书署名"素阳子"，先后有道光、同治、光绪刻本，道长所抄原本是哪个刻本已不可知。该书是民间教派青莲教的水祖彭德源的著述之一。《正宗祖派源流全部》"第十四代彭水祖小传"云：

> 祖讳依法，原讳德源，字超凡，号浩然，又号天一老人……祖著有《秘密真机》《万莲归宗诗叙》《指玄篇注解》《心印经注解》《观音本愿真经》《超凡宗旨》《率性阐微》《破迷宗旨（篇）》《悟性穷源》《观音心经注解》《十六条规》《四大条规》《三元条规》《十六年词章》等书。……普传天下，大展宗风。[1]

马西沙认为青莲教带有浓厚的反抗现政权的政治色彩。[2] 濮文起认为，从青莲教内部组织来看，它与天地会的内八堂、外八堂极为相似，似受以反清复明为宗旨之天地会影响，反映了鸦片战争后北方白莲教系统的民间宗教，与南方天地会系统的相互渗透与融合。[3] 可知龚道长深受青莲教派的影响。当地传说他是因为太平天国而举家南迁马来半岛，可做一注脚。

---

① （清）彭德源：《正宗祖派源流全部》，清宣统三年（1911）刻本。转引自杨净麟《青莲教祖师著述新考》，《四川大学学报》2009年第1期。
② 马西沙、韩秉方：《中国民间宗教史》，上海：上海人民出版社，1992年，第1133页。
③ 濮文起：《中国民间秘密宗教》，杭州：浙江人民出版社，1991年，第108页。

庙里现存道长手抄之《太上老祖乩下灵方有救灵感》，其实就是岭南地区流传的《博济仙方》，比较广东图书馆藏的民国八年（1919）季春重镌，广州守经堂板存者，发现二者内容一致。文首曰：

> 太上纯阳孚佑吕帝君（黎琦修序：玉封玉清内相金阙，选仙孚佑帝君，加封无量仁慈大帝）持降于粤东城西蕴善坛也。曾前降方五科于北省，今则降此三百于南岭。缘粤东乃斗牛宿，度所属与别省地土既殊，故方剂调用，不得不另为分别，所谓用药谨慎，诚如用兵也。遍阅各签方之妙用，无非指善扶危，降药者以愈身体有形之病，不降药者，乃治心性无形之病。是吕帝君以神道设教，欲世人省身修德，同证善道，脱离疾苦。其济世度人之心，固无微不到，亦济世度人之德，诚无处不被也。凡欲求方者，须依下列十则，诚信祈祷，勉力于善，方有效验。天道福善罚恶，闲时不烧香，急时抱佛脚，反归咎于方剂之不灵，则自惑之甚矣。求方者祈悟之。（弟子黎琦修薰沐敬序。太和洞弟子陈绍修募刊）①

《博济仙方》共有吕帝灵签一百条，吕帝仙方男科一百方，吕帝仙方妇科一百方，吕帝仙方幼科一百方，吕帝仙方外科一百方，吕帝仙方眼科五十二方。末附求方十则。但是南天洞手抄本中的药方少于此书。可能道长所依照的是早期流行的手抄本，所以没有刻本呈现的数量。

流传于民间的药签或冠以某神明的名字，或冠以名医名字，或冠以宫庙名字。大多数药签直称"仙方"或"神方""灵方"，如吕祖仙

---

① 王丽英：《广州道书考论》，武汉：华中师范大学出版社，2010年，第194页。括号内文字为《博济仙方》有，而南天洞保存者无。

图 4-2 南天洞内龚道长手绘图画和题诗（2013 年 12 月 31 日，宋燕鹏摄）
图 4-3 南天洞最早的文物——有"南道院"字样的铜钟（2013 年 12 月 31 日，宋燕鹏摄）

方、博济仙方、吕祖神方、观音灵方。有的药签分"男科""女科""外科""目科""幼科"等不同科目，善男信女可根据性别或所患的疾病有针对性地占取。关于药签是如何产生的，民间多托于神明飞鸾阐化，或名医生前制作，使药签披上一层神圣的外衣，以吸引信徒。[1] 不过不可否认，行医对道教吸引信众有很明显的作用。在 19 世纪末缺医少药的怡保，龚道长借药签行医，也是扩大信众的有效手段。

除了医病，龚道长还以法术闻名。当地有关龚道长的神通传说甚多，至今仍然流传。龚善德的堂侄孙龚道明校长说，以前南天洞前有放生池，经常有小顽童来偷捉乌龟等动物，龚道长好言相劝反而被骂，于是他念念有词，池边的一棵大树慢慢倒向他们，吓得他们拼命逃跑，

---

① 林国平：《药签与吕祖药签初探》，吴光正主编：《八仙文化与八仙文学的现代阐释：二十世纪国际八仙研究论丛》，哈尔滨：黑龙江人民出版社，2006 年，第 395 页。

过后大树又渐渐恢复原状。在龚道长羽化当晚，他知道自己寿命将终，就把所有亲戚全部叫来，说他将在某个时辰羽化而去，要他们不要伤心，说完就爬上后洞的"一百级"，时辰一到亲人上去时，发现他已经大化而去。另一传说，是吉打州某次发生福建人与潮州人冲突事件，福建人请了泰国和尚施法，潮州人很吃亏，三番四次来邀请龚道长，都被他拒绝，最后不忍心才勉强答应，以一招"五雷掌"把泰国和尚打败。事后获得潮州人献赠园丘地。[1]

除了上述手抄本之外，光绪乙巳年（1905）龚道长还在二、三楼的木门板上，用毛笔写有《行道百字训》、《孝弟忠信礼义廉耻八劝》八首、《修道法例普度贤良》三十首等诗，以及亲手绘制的壁画多幅。其中《行道百字训》：

> 辩道依规矩，慈悲化四方。谦和兼信实，俭让与温良。
> 敦祖根宜固，遵（尊）师本莫念（忘）。待人敦利益，处己惕疏狂。切忌争功果，尤嫌论短长。慎高休执拘（拘），人我勿分张。受谤言须谨，知几事要藏。三千功积满，八百行参详。引众登仙境，调贤选佛场。慈航来普渡，位位列天堂。

该文五字一句，内容涉及儒家的谦和俭让温良，尊师敬祖；道教为人处世的淡然态度，和"三千功圆，八百果满"的思想。最后一句"慈航来普渡"，则是指道教女仙慈航道人。可知龚道长心目中，儒家的基本原则和道家的修行是并行不悖的。

---

①［马来西亚］李永球：《龚善德创建南天洞》，《星洲日报》2009 年 5 月 17 日，"田野行脚"专栏。

二、龚道长的弟子及继承人

龚道长是火居道士，有妻子及两个儿子。1914年羽化后葬在南天洞后山。1973年坟墓合葬重建，墓碑云："龚公、黄氏、张公合之坟墓。"黄氏可能就是其夫人，张公可能就是1957年去世的道士张理如。

龚道长和继任主持都曾收有弟子，他和后任主持之弟子皆有记录。南天洞现存一小册子，封面写"龚善德奉令"，记录了他及后任南天洞主持收弟子的情况。小册子首云："太上老君天道宏开普渡凡民 大吉大昌道法高强进道门人上表姓名道号订明"，下有诗曰：

> 善教源流古至今，道法五千渡凡民。
> 传授真经开觉路，明心见性大丹成。

该诗历代著述皆无，应为龚道长所作。"善教"指道教。"五千"指老子《道德经》五千言。"觉路"为佛教用语，谓正觉的道路，即菩提之道。"明心见性"本是佛教禅宗用语，指摒弃一切世俗杂念，彻悟因杂念而迷失了的本性。阐述了龚道长对道家思想的理解。"大丹"泛指各种炼成的丹。《正一经》云："龙虎山中炼大丹，六天魔魅骨毛寒。"

小册子记录了宣统三年（1911）八月初六日卯时上表内容："张贵长 道号明心，年七十九岁，八月十四日卯时生，是广东惠州归善□下辈人氏；黄丁 道号明真，年川十８岁，丁丑年（1877）六月廿四日寅时生，是归善县坑子人氏；黄昌 道号明善，乂十乂岁，戊辰年（1868）四月初六酉时生；罗石崇 道号明行，年川十８岁，丁丑年（1877）十一月十九日申时，广东连州人氏。"从这几个人的年龄看，分别是79岁，35岁，44岁，35岁。从籍贯看，前三人都是惠州归善县人，和龚道长是同乡，归善县是客家人为主的县①，道长所来的淡水村是圣堂约堡下辖的客家为主的村，坑子亦是。但张贵长是"□下輋人氏"，"輋"即"畬"，如今惠阳区亦有一定数量的畬族，但在清末的时候，这些畬族和客家是难以区分的，他与龚道长是同乡。广东连州亦为客家县。

在1913年的上表中，龚胜发号纱胜，1869年出生，是广东博罗人氏，赖妙乡字常明，1892年出生，是广西梧州岑溪西乡郎沙江人氏。广东博罗县有大量的客家人，清朝曾发生严重的"土客"械斗。梧州岑溪是桂东南客家县。1929年上表的杨法汉，道号至汉，1884年生，是广东东莞清溪人氏。清溪是著名的客家县，客家人口和村庄占70%以上。②1932年上表的罗华，道号理庆，1891年生，广东鹤山人氏。鹤山县从明清之际就已经有客家人从嘉应州和惠州等地迁入。③如今依然有7万多人讲客家方言。④1940年上表的郑方，道号理吉，广西玉林州北流人，北流县亦有相当多的客家人，从他自述来自"北流县隆盛墟"来看，他亦为客家人。所以从方言群的角度来看，怡保有不少客家人，南天洞就吸引了这部分人来参拜。

依据南天洞记载，第二任主持聋（龚）声道长（1915—1924）、黄丁道长（1925—1926）、赖妙兴道长（1927—1928），第三任主持杨至汉道长（1929—1951），第四任主持郑理吉道长（1952—1988年）。⑤除了上述记录的道士外，1957年去世的张理如道长是福建古

---

① 归善县客家人多居在高潭、安敦、多祝、白花、梁化、新庵、稔山、平山、良井、永湖、麻溪坑、淡水、镇隆、龙岗、坪山等山区、半山区。参见《惠阳文史资料》第9辑，1995年，第99页。
② 张磊编著：《东莞历史文化名城》，北京：中国戏剧出版社，2005年，第164页
③ 周大鸣、吕俊彪编著：《珠江流域的族群与区域文化研究》，广州：中山大学出版社，2007年，第240页。
④ 鹤山县县志编纂委员会编：《鹤山县志》，广州：广东人民出版社，2001年，第625页。
⑤《马来西亚吡叻州怡保南天洞（南道院）创立120周年纪念特刊》。

田人，而古田则是福州下辖的客家县。1950 年的时候，有人去南天洞参访，说"院里有个老道士，是嘉应州人，说着一口我不大懂的客话，他有一个徒弟，一律留着全发，拖着道袍；另外一个烧火道人是就近山庄里雇来烧饭的，倒不是一个道人打扮"云云。[①] 可知那个时候道长应该是嘉应州人，虽与南天洞文献记载有异，却证明是客家人。

从上述可证，南天洞一直坚持着客家主持和弟子的传统。而近代的拜上帝会的基本群众是客家人，太平军的骨干力量和基本成员是客家人，太平天国起义的核心领导分子主要的也是客家人。太平天国革命就是一场以客家人为主体的农民战争。[②] 因此，龚善德参加太平天国革命失败后，为躲避清朝政府的通缉而南来，是完全有可能的。

最后一任道长郑理吉生于公元 1919 年，祖籍中国广西，出生穷乡僻壤，父亲是一名农夫，育有四子，而他排行最小，是家中幼儿，年少时则苦尝"生离死别"之痛，当时其兄长不幸逝世，二哥逃兵役而远赴南洋，三哥却被当时政府抽壮丁做苦工。他也逃到南洋投奔二哥，于胶园割胶。一日在其割胶之际，他抛下工作而独自一人悄然从华都牙也石门栏步行至金宝，然后再由金宝到怡保务边路之南天门。"机缘巧合"之下，在南天洞（当时称为南道院），他"邂逅"了该洞第三任主持杨至汉道长，于是得蒙杨道长当时收留栖身洞内，朝夕吃斋念经敬奉太上老君，晨钟暮鼓，穷其一生 50 年钻研"修道成仙"之理。

郑理吉失踪了，其二哥郑利自然着急，于是召集胶园内之"乡亲父老"四处找寻，结果一无所获，悲痛之余，以为其弟在胶园操作时被经常出现的老虎吃掉了！事隔十余年，虽然有人看到神似郑理吉的

① 梦笔：《怡保南天洞的开山祖》，《南洋商报》1950 年 9 月 18 日，第 9 版。
② 钟文典：《客家与太平天国革命》，载韦生理主编：《晚晴文存》，南宁：广西人民出版社，2002 年，第 212 页。

道士出入南天洞，然而，郑利当时已举家返回中国大陆故居，从此与其弟"缘悭一面"！不过，郑理吉道长接任南天洞第四任主持之后，曾经写信与身居中国的二哥郑利联络，从此经常汇款给乡下的侄儿。[①]郑道长的经历，也是 1949 年前后马来西亚华人与祖国亲人相互隔绝的大历史的缩影。

三、南天洞道教的衰落

郑理吉道长羽化后，并未有弟子继承衣钵。虽然他晚年时，曾收过一名年少之"俗家弟子"为徒，以期能继承其南天洞主持之位。该名徒弟姓林，住在离怡保四英里处之新邦波赖新村。然而由于该名"不肖徒"半途离"洞"出走，一去不回，直至其师父郑道长在怡保中央医院咽下最后一口气时，该名徒儿仍未见归返侍候在道长病床旁，终使郑理吉道长辞世之后连唯一的徒弟都没有真正继承其衣钵，以接任南天洞第五代主持。

不过维持南天洞运转的，是该洞于 1973 年依政府谕令成立的保管委员会。郑道长虽然名为主持，但实际上仅仅负责襄理法事。而该洞寺之建设发展则交由以邓安杰为首之保管委员会处理。据洞内文件云："本委员会之意旨：（一）维护华人传统性、道德、宗教、信仰；（二）增添地方上风光景色，使本洞成为旅游佳境，以供人们寻幽探胜，享受大自然之乐。同年临近锡矿崩塌，本洞被泥水湮没，损失惨重。吾人等，即负起重修责任，清理山洞，填补潭泽，扩张神坛，建化宝炉，筑斋菜馆，塑青牛、作瑞狮、造牌楼、雕青龙、书彩凤，以壮丽观也。"委员会要将南天洞打造成旅游胜地，但是对于继承人的培养，却没有做好。致使郑道长羽化后，只能由庙祝蔡明先生主持（1988—　）。

---

①《超过百年南天洞　第五代没有传人》,《民生报》1988 年 4 月 23 日，第 6 版。

图 4-4 南天洞所奉女仙
（2013 年 12 月 30 日，宋燕鹏摄）

南天洞由清末创建道士主持的道观，到一百年后没有道士，道教的色彩愈发淡薄，民间信仰的内容愈来愈多。一方面没有道士做正本清源的工作，另一方面，面对民众的信仰需要，民间神祇愈发增多。如今南天洞所奉神祇主要是五位：

关帝 吕祖先师 太上老君 玄天上帝 玉皇大帝

五位主要神祇，太上老君是主神，这是道教三清之一。玄天上帝即道教的真武大帝，也是客家人所供奉的神祇之一。而吕祖先师就是吕洞宾，也就是前述《博济仙方》里说的"太上纯阳孚佑吕帝君"，和玉皇大帝同为道教神祇。关帝就是关羽。这些都是华人广泛信奉的神祇。在二层，还供奉有很多女神。以碧霞元君居中，右手依次为"林奶天后、王母娘娘、水母娘娘、后土娘娘、传教娘娘、目连佛祖、火山圣母、七姐仙姑"，左手依次是"李奶天后、杨地天后、圣母娘娘、何大仙姑、护法娘娘、护法圣母、修道圣母、保胎娘娘"。这里的"林奶天后"，应该就是我们一般所谓的"妈祖"，"水母娘娘"有不同版本，其中发源于泗州的是影响最大的，主管洪涝①。目连是佛祖十大弟子，不知为何和女神放在一起。"护法娘娘、护法圣母、修道圣母"则不知来历。"火山圣母"应该主管火。"七姐仙姑"是部分已婚女人信奉的女神，流行于今天珠海地区。传说"仙姑常庇佑，七姐永扶持"，供之可扶助妇女消灾解难。②这些女神多数已经不是道教神祇了。附会妇女的日常需要，尤其是"保胎娘娘"，更可见其神祇的世俗性，不过，与宗教性的道教的距离就愈加远了。

第二节　20世纪初马来亚霹雳州金宝地区广东社群的帮群结构——以金宝古庙为考察中心

自从麦留芳先生于20世纪80年代提出"方言群认同"的观点后，近30年来的马来西亚华人研究基本上是在这个框架下进行的，并且取得了很大成绩。但是对方言群内部的次生社群的研究，并未被多少人注意到，主要是资料匮乏所致。19世纪中叶后，英殖民政府开始在其所管辖的马来亚进行系统性的人口普查，③将华人划分为不同方言群，但并不处理方言群内部的各次生社群。认识方言群内部的帮群结构和籍贯分布，对我们深入剖析华人社群内部结构，和华人移民社会建构途径，有非常重要的参考价值。

研究方言群内部的籍贯比例，所依靠的资料，首先是义山的墓碑

---

① 水母娘娘的传说，可见［法］禄是道著，王惠庆译《中国民间崇拜：道教仙话》，上海：上海科学技术文献出版社，2009年，第86页。

② 黄金河：《文化三灶》，北京：中国戏剧出版社，2005年，第249页。

③ 英殖民政府最早在海峡殖民地进行的人口调查可追溯到1801年。严格意义和完整的人口普查，要等到1871年才出现，见 Saw Swee-Hock, *The Population of Peninsular Malaysia*, Singapore: Institute of Southeast Asian Studies Singapore, 2007, p. 318。

籍贯统计，其次是义山的埋葬收据。正因类似资料的匮乏，对次生社群的籍贯分析，往往比较欠缺。同时对方言群内部的次生社群是如何组成的，也未有详细的文字材料证明。因此在没有上述史料的情况下，对历史上的方言群内部的帮群结构进行分析，是相当困难的事。在这种情况下，只有利用其他史料来推测。本节就试着以霹雳州金宝古庙的匾额对联为中心，来推测 20 世纪初金宝广东社群内部的帮群结构，并由此反思马来西亚华人移民社会建构的几个问题。

霹雳州是如今马来西亚重要的一个州属。在 19 世纪上半叶的时候，由于这里发现了锡矿，来自槟榔屿的华商大量涌入，不同籍贯的华商和土著各势力进行联合，最终因资源抢夺和霹雳州王位继承问题而爆发拉律战争，英国殖民政府介入后，1874 年《邦略条约》（Pangkor Engagement）签订，霹雳苏丹阿都拉把除了宗教和文化事务外的所有政治要事交予英国参政司（British Resident）。霹雳州正式成为英国保护国。1896 年，霹雳州连同雪兰莪、森美兰和彭亨四个马来土邦成立了马来联邦（Federated Malay States）。

随着霹雳州中部近打县（Kinda）锡矿业的大发展，怡保也迅速繁荣起来，最终霹雳州首府也迁到那里。英殖民政府最早的霹雳州人口调查数据是在 1891 年，当时近打县有华人 39513 名。1901 年的时候，近打县华人有 89190 人，其中依方言群来划分，广府人有 48964 人，福建人有 8170 人，客家人有 29322 人，潮州人有 2734 人。[1] 其中金宝（Kampar）华人有 5056 人，但英殖民政府的人口调查数据没有提供金宝地区的华人内部方言群数据。因此，我们对广东社群内部的帮群结构，就只有从金宝古庙中去寻找答案了。[2]

① *General Remarks on the Census*, Federated Malay States,1901.p.32.

② 笔者先后于 2013、2014 和 2015 年赴金宝古庙考察，本节所使用资料皆为笔者亲自拍摄记录所得。

图 4-5 金宝古庙门口（2014 年 11 月 8 日，宋燕鹏摄）

一、金宝古庙所见广东各社群

金宝古庙（Tokong Cina Kampar），北纬 4.1847°，东经 101.0913°，位于务边路（Gopeng Road），坐东朝西，面朝庙街（Jalan Tokong），背靠布章马六甲山（Gunung Bujang Melaka）。它是金宝城区规模最大、保存最完整的华人神庙，在金宝当地人的信仰空间内占有重要地位。该庙始建年份不详，最早的重修记录是光绪三十年（1904）。自然该庙的创建必定是在金宝开埠之后。金宝何时开埠，因为没有准确的文献记载，一般推测为 1886—1887 年间。[①] 不过，根据 1886 年及 1887 年的《霹雳年鉴》（*Perak Annual Report*）报告，金宝的名字尚未出现。[②]

---

① 陈长兴：《金宝 100 年（1886—1986）》，直落英丹：瑞文印务有限公司，2001 年，第 10 页。
② 见 *Perak Annual Report* 1886 和 1887。

金宝古庙的创建年份不会早于此。由于霹雳锡矿的发现，金宝也随之发展起来。当时金宝到处都是荒芜之地，充满着野兽、疾病的威胁，加之医疗条件有限，就造成南来华人对各路神明的普遍祭拜祈求。

金宝古庙现在主神供奉观音，在塑像前的香炉上也刻有"水月宫"字样。金宝古庙拥有全霹雳州最多及最华丽的楹联、匾额，可惜缺乏碑文。现在金宝古庙可见最早的文物建造于光绪三十年（1904）。金宝埠19世纪向英政府注册的庙宇有三王爷庙（1895）、何仙姑庙（1895）和谭公庙（1897）。何仙姑庙和谭公庙皆可见于今日之金宝，唯独三王爷庙已不知去向。根据陈爱梅在《霹雳州近打县百年观音庙及当代观音信仰调查》中所言，在1895年注册的三王爷庙可能是已搬迁到双溪古月（Malim Nawar）镇上的三山国王庙。[①] 不过，由于金宝古庙的配祀是三王爷，所以1895年注册于金宝的三王爷庙也可能被观音庙所兼并，由主神变成配祀，由此，金宝古庙跨越籍贯帮派，使广为华人世界所接受的观音成了主神，并成为整合和团结金宝华人的庙宇。

"水月宫"是起源于广府的庙宇系统。最早的水月宫，创设于肇庆七星岩。水月宫原名观音堂，建于嘉靖年间（1522—1566）。因观音有32种应化色相，以"水月"最为高洁，故以"水月"为名。肇庆在明嘉靖四十三年（1564）成为两广总督驻地，水月宫的地位也有所提高。崇祯九年（1636），两广总督熊文灿倾赏十余万重建，第二年铜像成，郑芝龙还曾来此赋诗。清代以降，水月宫的名号不仅进入广州城内，也走进佛山、香港。清代在广州城内主要有两个水月宫：一是官洲水月宫，在海珠区官洲居仁外街陈氏大宗祠东侧，又称观音

---

① ［马来西亚］陈爱梅：《霹雳州近打县百年观音庙及当代观音信仰调查》，《亚洲文化》第37期，2013年8月，第117页。陈爱梅错置金宝古庙最早文物的年份，她已在2014年11月20日的《东方日报》的《学术与错误》篇中做出纠正。

图4-6 金宝古庙中余东旋敬献的"水月宫"香炉（2014年11月8日，宋燕鹏摄）

庙，建于清嘉庆三年（1798），"自未建庙以前，山魅肆其往来，乡民常思安静，父老谋所以镇之"[1]，同治二年（1863）重建；另一个为棠下水月宫，位于天河区东圃镇棠下村中心地段，始建于清乾隆十三年（1748），乾隆三十八年（1773）、咸丰元年（1851）曾重修，该庙与七星岩水月宫是否有关系，暂不可知。乾隆以来香港的水月宫与佛山的水月宫，亦皆供奉观音。由此大概可知，水月宫分布的地区主要是粤语地区。

从光绪三十年（1904）古庙匾额上的落款，可以看出广东人内部各自的小帮群，以府为名义送匾额，是潮州府、惠州府、琼州府三府人。其余皆是广州府、肇庆府、韶州府县份为名义送匾额，有的是一个县单独送匾额，有的是两个县，有的是三个县，可见其组合之模

---

[1]《重建水月宫碑记》，李仲伟、林子雄、崔志民编著：《广州寺庵碑铭集》，广州：广东人民出版社，2008年，第304页。

图 4-7 金宝古庙内的匾额和对联（2014 年 11 月 8 日，宋燕鹏摄）

式。我们可以这一年为观察点，来剖析 20 世纪初金宝广东社群内部的结构。

（一）广州府

1. 南番顺

在金宝古庙中，有"海禺沐德"匾额，为光绪三十一年（1905）南番顺三邑联合敬送。四字蕴含着南海、番禺、顺德三县之名。主神前的供桌，刻有"光绪三十年仲冬吉旦南番顺阖邑同人敬送"。南海、番禺为广州府的附郭县，顺德县本来就是从南海县三都分置的。"顺德割南海三都膏腴，人民富庶，水乡为多，聚族以处，烟火稠集，楼房高至五六丈，遥望之如浮阁，高出林表，参差不一"①，与南番二县风俗习惯相同。"岭以南，顺德为壮县。地廓人众，膏壤沃野弥望。木石之工遍邻邑。郡会居肆者，皆邑人也。……音声嗜好，与南番大同。"② 因此，三县又被称为广东首县③，是故三县连称。三县人出洋，容易结合成团体以互助自保。如在墨西哥的三县人在民国时就建立了南番顺公所，成为墨西哥华团之一。④ 美国旧金山七大华人社团就有南番顺三邑会馆。可见三县人数达到一定数量后，就会组成社团。19 世纪中期广府人多赴美、墨等国为劳工。在霹雳州的安顺也有南番顺会馆。19 世纪末来到金宝的南番顺三县人，成立南番顺善后社，为三邑华人互助慈善组织，1933 年方成立南番顺会馆。1904 年时，三县一起在金宝古庙敬送匾额，可见其具有一定的势力。

---

① （清）瑞麟、戴肇辰等修，史澄等纂：《广州府志》卷一五《舆地略七》，光绪五年刻本。

② （清）瑞麟、戴肇辰等修，史澄等纂：《广州府志》卷一五《舆地略七》，光绪五年刻本。

③ 《考试冒籍宜设法限制论》，《申报》1874 年 7 月 30 日，第 1 版。其中提到"福建之闽、侯，湖南之长、善，广东之南、番、顺，诸省首县"云云。

④ 《墨西哥最近之排华运动》，《申报》1929 年 9 月 21 日，第 13 版。

2. 新会县

门首"金宝古庙"四字，书写者为"新会陈凤翔"。察陈之事迹，大致可知其为新会外海人。晚清时赴日本攻读宪兵科，民国初年回国，任广东宪兵学校校长，都督府军法处处长，叙陆军少将。及警察厅成立，调任司法科科长。在职多年，公正严明，有政声。民国十二年（1923）病故。[①] 当时金宝古庙与他建立联系，应该也是同乡之缘，但1904年陈凤翔的行事已不可知。新会县，如今是江门市新会区，近代名人以梁启超为代表。古庙门口的花鸦刻有"古冈州"字样，新会县曾在隋唐时期为冈州，明清以来陆续分置开平、鹤山、台山等县。当然金宝本地除了新会县人士，亦应有开平等县人士，因1934年创立了金宝古冈州会馆。

3. 清远县

在南番顺敬送的匾额之后，就是"清远阖邑敬送"的"威灵显赫"匾，朱汝珍书。朱汝珍（1869—1942）字玉堂，号聘三、隘园，清远人。曾入读广雅书院。1903年中举人。次年举进士，为榜眼，授翰林院编修。1906年赴日本东京法政大学深造。归国后任京师法律学堂教授，续纂修法律。1909年奉命创定商律。翌年任第一次法官考试贵州省主考。后奉派修纂《德宗实录》。1930年南归。次年受聘为香港大学教习。1933年为香港孔教学院院长兼附中校长。著有《词林辑略》《词林姓氏韵编》《清远县志》《阳山县志》等。他不仅因科举闻名，而且也擅书法，兼具王、柳之风而自成一家。作为清远籍的闻人，他的书法就出现在金宝古庙里。

4. 从化县

在南番顺敬送匾额之下，是从化县所赠香炉，上刻"光绪叁拾年

---

① 江门市政协文史资料研究委员会编：《龙溪风华》，1995年，第52页。

仲冬吉旦　从邑众弟子敬送粤东小半甫元和店造"。"小半甫"为番禺县城西一地名。香炉凳也是"从邑众弟子敬送"。从化人在金宝应该势力比较雄厚。古庙主要神明有三，主神观音，左为北帝爷，右为三王爷。北帝爷，即"北方真武玄天上帝"，神像上匾额为"从今显赫　从邑众弟子敬送"，嵌入"从"字，以示"从化"之意。

5. 新安、东莞

三位主要神明面前的香炉，观音前刻有"光绪三十年仲冬吉旦水月宫新安、东莞两邑众弟子敬送"，北帝爷前刻有"光绪三十年仲冬吉旦　玉虚宫新安、东莞两邑众弟子敬送"，三王爷前刻有"光绪三十年仲冬吉旦　三王爷新安、东莞两邑众弟子敬送"，均为新安、东莞两地信众结对敬送。两县位于广州府东南。东莞县在757年设立，1152年分设香山县，1573年分设新安县，管辖今深圳和香港，直至近代香港岛、九龙和新界先后被英国"租借"。东莞方言属于粤方言的次方言莞宝片，分布在东莞、深圳（宝安）和香港新界一带。东莞话以莞城话为标准。莞城话与广州话差别很大。未受过训练的广州人很难听懂莞城话，很少接触广州音的莞城老人也很难与广州人对话。[①]

6. 增城、龙门

进门处有一香炉，刻有"光绪叁拾年仲冬吉旦　增邑王龙元敬送省城义和承办佛山生合炉镇"。"增邑"就是增城。在主神观音神座框上刻有"光绪三十年岁次甲辰孟冬吉旦增龙两邑众弟子敬送"。"增龙"即增城、龙门两县。龙门县和增城县人联合活动，缘于龙门县本来就是增城县东北部分。明弘治九年（1496）割增城县东北部的西林、平康、金牛三都及博罗县西北部的一小部分地方，设龙门县。如今龙门

---

① 詹伯慧、陈晓锦编：《东莞方言词典》，南京：江苏教育出版社，1997年，第3—4页。

县属于惠州市，但清代时两县却同属广州府，处于东北部。同时龙门方言是一种与广州话较为接近的粤方言，属于包括珠江三角洲各地方言及肇庆话、花县话、东莞话、增城话在内的粤语粤海系。[①] 所以从地域情感上，增、龙两县容易走到一起。

7. 花县

在北帝爷和三王爷的神位上分别刻有"光绪三十年岁次甲辰孟冬吉旦　沐恩花邑众弟子敬送"。花县是现在的广州市花都区，方言上也属于广州话。

（二）肇庆府

1. 四会、广宁

在主神观音神像前，有香炉，刻有"光绪三十年仲冬吉旦　金宝古庙　四会广宁两邑众弟子敬送"字样。四会、广宁两县信众结对。两县皆位于肇庆府北部，且都属于粤语区罗广方言片，口音很明显与其他地域有差异。

2. 高要、高明

在琼州匾额后是"光绪甲辰年仲冬吉旦　佑我高高　弟子高明两邑等敬送"。上述"高高"，分别指"高要"和"高明"两县。高要县是清代肇庆府的附郭县，清代前期两广总督署还曾设在城东门内。高要县地控西江咽喉，是兵家必争之地。高明县原属高要县，明成化十一年（1475）分置。相比高要县为肇庆府首县，高明县经济就差很多。"置县以来，民始毁砦归农。邑以下刀耕火种，仅给峒炊，山利悉无所出。邑以下皆沮如泽国，沙堤不任捍雨，一日夜，潦起寻丈，田庐与鱼鳖争命。以故民苦耕趋读，君子秀而有文，小人巧而弄法，

① 惠州市地方志编纂委员会编：《惠州市志》，北京：中华书局，2008年，第4408页。

亦驱之使然也。"① 所以高明县虽然建县数百年，到清末依然处于自然条件差、社会不安定的状态中。但因二者原本一县，因此在心理上容易抱团。

（三）韶州府（英德县）

在古庙西墙下的铁钟上，铸有"光绪叁拾年仲冬吉旦　英邑众弟子敬送　省城义和号承造　佛山生合炉铸"。英德县长期属韶州府管辖，处于韶州府最南端，与广州府北部的清远县紧邻。在地理位置上，英德县又处于岭北地区进入广州的必经之路，方言受到广州话的深刻影响。根据《中国语言地图集》的数据，英德县的方言分为两种：市区部分讲粤语，郊区讲客家话。客家话属于粤北小片，没有细分。但根据当地人描述，其实当地的语言情况比《中国语言地图集》中的复杂很多。郊区不仅有粤语，而且分布上还跟客家话犬牙交错。加上客家话口音也不止一种，镇与镇的居民间一般多用广州话交谈。②

（四）韩江（潮州府、嘉应州）

三王爷神像上的匾额，有"光绪乙巳年春　泽被潮黎　韩江众等敬送"。光绪乙巳年是1905年。这个额是在1904年重修落成之后数月就放上去的。这里的"韩江"应该是指潮州府和嘉应州。因为"韩江"是粤东主要的河流，贯穿嘉应州（五县）和潮州。嘉应州原本属潮州，清雍正十一年(1733)，程乡县升格为直隶嘉应州，统领潮州府划来的兴宁、长乐、平远、镇平4县，加上本属的程多县，称"嘉应五属"。

---

① （清）屠英等修，江藩等纂：《肇庆府志》卷二，道光十三年（1833），《中国地方志集成·广东府县志辑》，上海：上海书店出版社，2003年。
② 刘镇发：《广东英德连江口银坑乡土话调查》，甘于恩主编：《南方语言学（第5辑）》，广州：暨南大学出版社，2013年，第27页。

因此以"韩江"可以涵盖潮州府和嘉应州两地的民众。①

（五）惠州府

在庙内东墙下，有众神牌位，下面的香炉上刻有"光绪三十年仲冬吉旦　惠州众弟子敬送"。门外两个石狮子的石座，分别刻有"惠州十属弟子敬送""光绪甲辰仲冬立"字样。惠州十属，指惠州府下辖的归善（今惠阳）、博罗、海丰、陆丰、河源、龙川、和平、长宁（今新丰）、永安（今紫金）县及连平州，共九县一州。惠州多属客家，因此可推测在金宝的惠州客家可能来自上述十邑。

（六）琼州府

在古庙内，朱汝珍所书匾额后，就是"光绪三十年仲冬吉旦　赫声濯灵　琼州众等敬奉"。可知在金宝还有一定数量的海南人。当然海南人具体来自什么县份，就需要依靠义山墓碑的统计及义山收据了。

从上述叙述大体可知，金宝古庙内的匾额皆来自广东省，且主要集中于广州府、惠州府、潮州府、嘉应州、琼州府，以及受广州话影响的韶州府英德县。此外，金宝古庙捐赠者中，还有"北城行"，在琼州府的匾额后，就是"光绪甲辰年仲冬穀旦　壮丽规模　弟子北城行等敬送"。"北城行"是木匠为主，包括泥瓦匠和砌砖工等职业的手工业行会，1856年槟城北城行是最早成立者，而且早年会员多来自广东台山县。②以后的发展过程中，坚持以操广东话为会员标准。这就为我们认定金宝古庙是广东省的社群组织提供了更多的依据。我们一

---

① 此点承蒙韩山师范学院吴榕青教授指正，谨致谢忱。

② ［日］今崛诚二著，刘果因译：《马来亚华人社会》，槟榔屿：槟城嘉应会馆扩建委员会，1974年，第99页。

般印象中的嘉应州则没有出现，可知金宝的客家人主要来自惠州。且广州府人数之多，具有压倒性的优势，这从庙内的匾额可见一斑。下面就从这些匾额，来推测金宝广东帮群内各社群的地位。

二、金宝古庙所见广东帮群内的诸社群之地位

一座庙宇向来不是安静的供奉神祇的场所，而是各种势力的角力场。各种势力在庙宇的创建或者重修过程中，都会扮演一定的角色，以此庙宇构成一种无形的权力场域。金宝古庙也未能例外。通过对其中匾额和香炉的空间位置的设计，各个社群都找到了自己适合的位置。当然，通过重修，也有将原本的空间位置挪动的可能。

（一）居核心位置的广府南番顺社群

走进庙宇，第一个映入眼帘的匾额，就是上述南番顺三县联合敬送的"海禺沐德"。从匾额的位置来看，第一个匾额往往让人印象深刻。三县不仅是广州府的首县，也是广东省的首县，在广东省的地位独一无二。南番顺社群不仅有第一个匾额，而且敬送了第一个供桌，处处体现其居首位的角色，以其势力之大而居于核心的位置。这不仅体现在第一个匾额上，也体现在主神观音前面的香炉上，刻有"光绪三十年仲冬吉旦 水月宫 南邑弟子余东旋敬送"。古庙就是以余东旋为首筹建的，故华侨推他、潘三、黄楠英、李贵水为古庙产业受托人。义家之前的款项也由他旗下的汇兑办公处"生和号"管理长达约半个世纪。

余东旋父亲余广（1853—1898），南海县人，1876年从佛山南来寻找商机，开设杂货店"仁生号"，后改做药材生意。他后来陆续投资锡矿，1889年已拥有4个矿场与1家药店，成为金宝临近的务边（Gopeng）首富。余东旋（Eu Tong Sen，1877—1944）生于槟榔屿。幼年回中国家乡受教育。1892年返回槟榔屿。1897年继承其父在霹

霹州经营之锡矿，随后扩展其事业的网络至金宝、怡保和吉隆坡。如今依然著名的药店"余仁生"，就是他父亲创下的产业。1907年，他在霹雳州有8个锡矿，8000名工人；在雪兰莪有两个锡矿，3000名工人；在森美兰有1个锡矿，约1000名工人。他于1911—1920年任马来联邦议会（Federal Councilor）华人代表，是当时著名的华人矿家、银行家、商人。[1]

主神观音神像上方的匾额，刻有"光绪三十年岁次甲辰仲冬　泽及同人"，署名皆为商号名。虽然并未点名商号籍贯，但其中余东旋的"生和号"作为建庙值理位列第一，可见以其为核心形成的金宝南番顺社群，在古庙重修过程中居于主要地位。

（二）居其次的从化、韩江社群

在南番顺社群以外，就是从化人出尽风头。除了门口鼎炉为从化社群捐赠外，三位神明中的北帝爷上方匾额也是其所敬送。拿下这一匾额，基本奠定了其在广东人社群里的地位，不能说地位最高，起码也是实力不俗。且主神观音两边柱子上的对联，亦是从化人所敬送。对联云"金色现辉煌，从此囤（同日）借神力扶持多稳富；宝光生瑞气，化斯时感圣灵默佑乐安康"，落款为"光绪甲辰冬月吉旦　从邑众弟子敬送"。对联藏头"金宝"，中间第六字藏"从化"二字，别具用心。

包括潮州府和嘉应州的韩江社群尽管只出现一次——三王爷神像上的匾额为其所敬送——但时间为光绪乙巳年（1905）春，要比其他匾额、对联、香炉晚了几个月。大可推测其为后来之安排，并非原本确定下来的位置。三王爷一般认为是三山国王，是起源于潮州饶

---

① Lian Kwen Fee and Koh Keng Wee, "Chinese Enterprise in Colonial Malaya:The Case of Eu Tong Sen", *Journal of Southeast Asian Studies*,35(3),p.423.

平县的著名信仰，因此，将潮州人的神祇纳入，且能够占据三个主要匾额的其中一个，也显示了韩江社群的地位。

（三）居其三的新会、琼州、清远、高要和高明、惠州社群

新会人虽然在庙内并无捐赠，但其以门楣"金宝古庙"四字已然令人印象深刻。如今在古庙门口旁边就是古冈州会馆，成立时间在清末，虽然会馆成立越早说明其势力越小①，但其能争得庙宇的题名，也说明实力不可小觑。另外门楣上方的花鹇，刻有"光绪三十年岁次甲辰仲冬吉旦　沐恩古冈州弟子敬送"。可见以新会人为代表的冈州社群，能争得门口的位置，也是有一定实力的。

琼州人争得靠近门口石柱的一副对联，题"辅天地以掌水衡，赫赫恩播六合；握乾坤而司钦位，昭昭灵应九霄"，落款"光绪三十年仲冬吉旦　琼州众等敬奉"。这副对联使琼州人匾额虽然在清远人之后，但其出现的频率增加，也使得双方地位得以平衡。

清远人敬送的匾额紧随南番顺之后，说明其在广府人内具有一定的地位。不过清远人的捐赠再无出现，他们的实力和南番顺社群是无法相比的。高要和高明社群因为同属肇庆，且历史上高明即属于高要，故二者联合起来，方能在古庙中获得放置一个匾额的位置，不过这体现出两县社群还是有一定实力的。

惠州社群相比之下就比较落魄，不仅与三位神明无法靠近，且庙内的匾额、对联皆无法争得，只能捐赠庙外的石狮子。如果据此认为惠州社群没有势力，也不可靠。因为金宝还有一座谭公庙，是惠州客家所供奉的神庙。庙内有不少信众捐赠，最早的如甲板（Kapan）华

---

① ［澳］颜清湟：《新马华人社会史》，粟明鲜等译，北京：中国华侨出版公司，1991年，第40—41页。

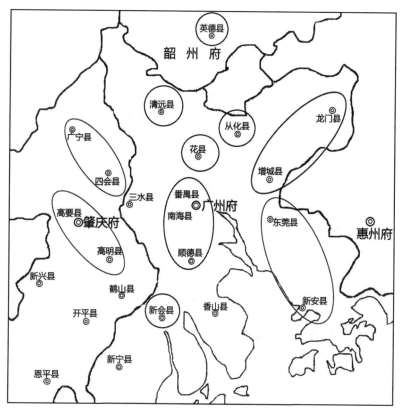

图 4-8：金宝古庙题记所显示出来的广肇两府县份社群的组合模式

侨捐赠的牌板"光绪丁酉年"（1897）。外面有"赏戴花翎、知府衔、梅州沐恩弟子潘祝华敬奉"的对联，落款是"光绪二十四年"（1898）。还有同年惠州众弟子敬送的匾额"恩周南亩"。说明这里有惠州客家，也有梅州客家。谭公庙就是金宝客家人的精神符号。可知惠州社群在金宝并不属于少数，且与广府人到来的时间不相上下。

（四）居其四的增龙人、新安东莞人、四会广宁人、花县人、英德人社群

前述社群优先瓜分了庙宇的内部和外部空间，那些重要的、显眼的捐赠位置都被抢占。增龙社群只有王龙元自己捐赠的鼎炉，说明该社群有闻人。其他增龙人能争到的位置，就是主神观音的神座。新安东莞社群争到的是三座神像前的主香炉，四会广宁社群争到的是三座主香炉边的六座次香炉。花县人争到的是北帝爷和三王爷的神座。至于英德人，争到的是西墙下的铸钟。

通过上述分析，我们可以发现广肇两府内部县份社群的组合模式，类似的模式在各地的优势社群中也应能见到，但因为前贤不注意史料的保存和记录，致使我们无法知晓。只不过由于金宝前贤在古庙内部的匾额、对联、香炉等摆放的空间座次上稍费心思，就构成了我们认识金宝广东社群的绝佳的无意识史料。

作为岭南道教的重要分支，龚善德道长将道教文化传入怡保，在当地华人的生活中扮演了重要的角色。不仅满足了华人的生活需要，同时也将华人的信仰文化带入，完成了岭南文化的部分移植与再造。从这个意义上看，南天洞的意义是不可忽视的。

南天洞以其特殊的凿山为窟的建筑景观，成为马来西亚霹雳州怡保地区著名的旅游胜地。但是其中透露出来的百年前道教传播的势力弱小，以及其发展迟缓、后继无人的历史事实，还是令人有很多感慨的。如今虽然马来西亚有全国性的道教协会作为组织，但是其内部在正本清源与扩大发展的认识上还存在很多分歧。这与佛教在50多年前就已经形成全国性的组织相比，属实落后不少。

放眼整个19世纪中华文化在东南亚的传播，宗教传播包括汉传佛教

和道教的传播，但与佛教高僧在南洋弘法相比，道教在东南亚的传播无论是势头还是势力都不可同日而语。作为迄今尚无专门研究的东南亚道教，尚需要加大力气去搜集、整理资料，才有可能进行细致的学术研究。

根据麦留芳先生的研究，华人方言群在早期的新马一带，的确有各自据地而居的现象。且方言的认同，是早期华人认同的主要表现形式。方言群在理论的层次上，可以被界定为操相近方言的社群，而方言群认同表现在社会组织上就是组织的排他性或封闭性。[①] 依我们现在的生活经验也是如此，在海外，如果对方操一口流利的中文，也会油然而生一种亲近感，更何况对方如能操一口和自己相同的方言，那更是感觉亲近无比。金宝古庙内部的匾额、对联、香炉等捐赠，不仅是对神明的虔诚之表现，也是各次生社群在金宝地位之表现。更进一步说，就是金宝当地华社在开埠不久，就迅速经过方言群认同的阶段，进入了籍贯认同的阶段。

庙宇不仅是华人拜神的场所，也是华社内部帮群竞争的场所。王思福先生在对台北神庙的重修进行研究后有云："每一次增加神，每一次重大的新的修建活动都会创造出一种新的庇护和产生领导人的机会，或者是为新的想毛遂自荐当领导的人创造了机会。"[②] 金宝古庙在1904年的重修，就通过庙宇匾额、对联、香炉等捐赠，以空间来重新划定金宝广东社群的内部地位。据笔者所见，马来半岛西海岸的华人聚居地，保存有像金宝古庙这样完整的百年前的匾额等文物，实属罕见。因此笔者以之为个案，探究的金宝广东帮群内部的社群结构，不仅是对金宝广东帮群独特的社群结构进行分析，也希望由此对马来西亚华人移民社会的建构途径有所思考。

---

① ［新加坡］麦留芳：《方言群认同：早期星马华人的分类法则》，第8—16页。
② ［英］王思福：《帝国的隐喻：中国民间宗教》，赵旭东译，南京：江苏人民出版社，2008年，第161页。

第五章 19世纪后期中国有关今马来西亚地区的认知

——以《申报》记述为考察中心

  研究南海周边国家,不仅靠当地语言记载的史料,中国的文献记载也提供了"他者"的视角。1998年,马来西亚中华大会堂总会出版《中文古籍中的马来西亚资料汇编》,收录了129篇清代古籍中的马来西亚资料。[①]这本著作只使用了一则《申报》的内容,且是转引之资料。[②]北京的中华书局在2002年出版《中国古籍中有关新加坡马来西亚资料汇编》,收录了81篇清代关于星马的记载文章,当中并不包括《申报》内容。[③]因此,严格来说,目前尚未见专以《申报》论述星马的论著。《申报》创始于1872年,因此其所反映的当时人对星马的认识,有一定代表性。虽然如此,本章无意进行资料汇编,而是以《申报》的有关内容,补充以及回应星马的历史事件,并描绘当时文人眼中的星马。

---

① 林远辉、张应龙编:《中文古籍中的马来西亚资料汇编》,吉隆坡:马来西亚中华大会堂总会,1998年。
② 同上,第521—522页,657页注168。
③ 余定邦、黄重言等编:《中国古籍中有关新加坡马来西亚资料汇编》,北京:中华书局,2002年。

第一节　19世纪后期中国
有关星马的知识来源

马来西亚在1963年才成立。1965年，新加坡退出马来西亚，成为一个独立的国家。虽然如此，在很长的时间内，新加坡和马来半岛同属一家——英国殖民地，因新加坡原被称为"星加坡"或"星架坡"，故而在中国文献中将其和马来亚合称为"星马"。今日南海诸国家，以新加坡和马来西亚的华人比例最高，华文教育最为完善，因此，中文史料得到学者或研究者的高度关注。

1786年莱特（Francis Light）登陆槟榔屿后，就开启了英国殖民的篇章。1826年新加坡、马六甲和槟城组成海峡殖民地；1895年霹雳、雪兰莪、彭亨和森美兰组成马来联邦（Federated Malay States）；1914年玻璃市、吉打、柔佛、丁加奴和吉兰丹则组成马来属邦（Unfederated Malay States）。本节所说的"星马"包含上述三个部分。

本节梳理《申报》1872年创刊至1900年有关星马的记录，即19世纪末中国有关星马的知识来源。《申报》所提供的资讯及关注的内容皆以华人为主。由于新加坡和槟榔屿华人众多，所以《申报》所报道的星马，主要是以这两个地方为主。清朝政府对海外华人的态度，从鸦片战争时的"汉奸"转变为后来的"苦力"。颜清湟表示，19世纪70年代，清朝官方或半官方的记载，称海外华人为"华民""华人""华商""中国人民"和"中国商民"等。[1]19世纪70年代始的《申报》支持颜清湟的这项论述。

虽然华南地区下南洋的风气由来已久，但是有文字记载的则少之又少。很长时间内，中国对星马的认知停留在一个非常浅显、模糊的

---

①［澳］颜清湟：《清朝对华侨看法的变化》，《南洋资料译丛》1984年第3期，第88页。

阶段。《申报》1872年创刊后，出于新闻的猎奇目的，有关星马的新闻也多有刊载。本节就主要以《申报》19世纪后期有关星马的新闻和评论为研究对象，试着以中国"他者"的视角去窥视星马。

一、回国人士的口述

直接询问从星马归来的人，是当时中国获取星马知识最便捷的一条途径。这个途径也是中国古代有关异域知识的最普通的获取方式。试举一例，1872年时有人从槟榔屿回来，《申报》就对其做了采访：

> 客有航海归来者，历叙所遭，合座为之色变。天风琅琅，海山苍苍，气象如在目前，重洋波浪，一叶扁舟，直令人有不堪设想者。……客盖游于槟榔屿者。地邻亚细亚洲，东西南三面濒海，其北与暹罗接壤，海口有岛名槟榔屿焉，为英国所管辖，士民醇朴，土物繁庶，多闽广贸迁于此，其地常热，虽严冬只御单夹之衣，纩挟黄绵还嫌多事，更无论素衣麂裘黄衣狐裘也。土产槟榔、椰子、波罗、胡椒等物，由星架西行，计程两日可到。[①]

上述口述地点，笔者以为不是在华南，可能是在《申报》所在地上海。"天风琅琅，海山苍苍，气象如在目前，重洋波浪，一叶扁舟，直令人有不堪设想者"，这些皆为没有航海经历的人的反应。这段文字比较早地记载了有关槟榔屿的情况。原因在于这位"客"曾有槟榔屿的生活经历。他说槟榔屿"地邻亚细亚洲，东西南三面濒海，其北与暹罗接壤"，所说的是马来半岛，东面是南海，西、南是马六甲海峡，

---

①《航海余谈》，《申报》1874年3月7日，第2—3版。

北部与暹罗接壤。槟榔屿本身为马六甲海峡的岛屿，东面和马来半岛相隔 3.2 千米的海峡，四面皆海，和陆地并未相连。因此，如按照地理的描述，文中"客"所游并不是槟榔屿，而是与槟榔屿海峡相隔的威斯利省（Province Wellesley），简称威省。1786 年，莱特从吉打苏丹手上获取槟榔屿；1800 年，吉打苏丹再割让威斯利省，使之成为槟城的一部分。不过，位于槟榔屿上的乔治市（Georgetown）是槟城的行政、文教、商业和交通中心。所以，"客"所游之处可以包括槟榔屿。因此"其北部与暹罗接壤"的槟榔屿地点有几种可能解释：（一）当时人们的认知中，威省也叫槟榔屿；（二）"客"错误形容槟榔屿的地理位置。

此外，他说"士民醇朴，土物繁庶，多闽广人贸迁于此"。广东和福建是中国的侨乡，早期南来槟榔屿的华人，亦多来自福建和广东，1800 年的时候，槟榔屿就建立了广福宫，是华人的最高领导机构。1891 年的人口报告，槟城华人被分为：广东（Cantonese）、福建（Hokkiens）、海南（Hylams）、客家（Khehs）、潮州（Teo-chews）和海峡侨生（Straits Born）。海峡侨生，即在槟城出生的华人后裔，占比 19.3%，其余的皆来自广东和福建两省。不过，英属马来亚的华人分类是以方言群为主，分类中的"广东"其实是指讲广府语系的人；而"福建"则是指讲闽南语系的人。福建和广东人各占 27.5% 和 19.7%，是两个最大的方言群。[1] 因此，"客"所形容的"多闽广人"是正确的，不论他所说的"闽广"是指广义的福建和广东省，还是狭义的方言群。

"其地常热，虽严冬只御单夹之衣，犷挟黄绵还嫌多事，更无论素衣麂裘黄衣狐裘也。"这是对当地气候的直观印象。槟榔屿常年炎热，最高气温在 32 摄氏度左右，最低气温为 21 摄氏度，紫外线极强。因

① J.R. Innes, *Report on the census of the Straits Settlements 1901*, p.68

此一年四季皆为夏天，穿衣极少。"土产槟榔、椰子、波罗、胡椒等物"，槟榔屿为热带地区，槟榔、椰子、菠萝等热带水果多且好。胡椒为经济作物，南来闽广华人在 19 世纪上半叶的时候，多种植胡椒。"由星架西行，计程两日可到"，"星架"为新加坡早年之音译。

　　除了这些暂时南来的"客"外，长期在南洋的船工，也会成为《申报》采访的对象。"有八闽舵工老于航海者，自言往返于南洋最久，于其地风土人情无不稔悉，所至各岛，无不有闽粤之人流寓其间，皆已有室家，蓄妻子、处其地，或一传数传，甚至有传十余世，然皆自为风气，与别种土民不相混也。所聚之处，咸有豪侠慷慨者，以为之长，其操业，或耕种贸易，或掘金探铁，多有以此致富者。因探怀袖中，出其前后两目示余，因为之记于别纸，以见概略。……新嘉波岛，华民一百七十八万，为之客长者，闽人陈金钟、佘友进，广人胡亚基也。麻六甲岛，六万人，客长陈明水、薛茂元，俱闽人也……"[①] "八闽"是福建之代称，此处所云即闽南人之船工。所述简明扼要，尤其对华侨领袖的叙述真实可靠。新加坡之"客长"即华侨领袖，陈金钟（Tan Kim Ching，1829—1892）为陈笃生之子，祖籍福建海澄县，继承父业，是新加坡最大的米商，也是暹罗驻海峡殖民地总领事。佘友进（Seah Eu Chin，1805—1883）祖籍广东潮州，是新加坡种植胡椒第一人，被英报视为 19 世纪 50 年代缔造现代化新加坡的开埠人之一。[②] 马六甲的陈明水（Tan Beng Swee），祖籍福建永春，为马六甲青云亭第四任亭主。[③] 亭主是马六甲华人甲必丹被英国人取消后，华人

---

① 《以下二则香港近事编录》，《申报》1872 年 6 月 21 日，第 7 版。

② 参见 The Singapore Free Press and Mercantine Advertiser (1884—1942)，29th Feb 1892, p. 3; New Nation, 21st August 1975, p. 9; 星洲日报社编：《星洲十年》，《近代中国史料丛刊续辑》，第 436—440 册，第 999、1014 页。

③ 参见曾衍盛《青云亭个案研究》，吉隆坡：曾衍盛，2011 年；宋燕鹏《19 世纪上半叶马六甲青云亭亭主领导权的式微与再造尝试》，《华人研究国际学报》（新加坡）2013 年第 2 期。

自发推举的领袖，其地位也为英国人所承认。① 薛茂元是新加坡福建人领袖，同时也是马六甲青云亭第二任亭主薛佛记之子，陈明水则是薛佛记之女婿。

除了描述星马的内容，《申报》也会以中国人的见闻，描绘出南洋的吸引力。例如，"旅居槟榔屿人来信谓暹逻国现在查有出绿色宝石"，这导致"现居槟榔屿之人闻之若狂皆纷纷投入"，并评论他们"见利之所在，人必争趋，其情形有如是也"②。

描绘南洋遍地黄金的同时，《申报》也以归客谈论移民之艰难。其一，在中国境内面对贪官。从同安琼头内洲各乡居海港的居民口中，得知海关人员"咸以过番客人为肉"，向前往新加坡或槟榔屿等埠过番客勒索银两。③ 其二，华工做新马工作的苦况，《申报》报道："一听其便某某近又在新加坡槟榔屿各处开设估俚佣工馆包雇华工。"估俚，苦力也，即英文之 coolie，指 19 世纪和 20 世纪的非熟练工人，通常指中国南方以及印度向外输出的劳工。这些估俚到了南洋后，"乡民初至新加坡等埠，举目无亲，且以估俚馆保荐作工五日，内怀感迫，到日里书立合同，始知伊等所卖，悔已晚矣"④。

华工在南洋的生活状况，《申报》也多有所述。比如南洋华人吸食鸦片的恶习，根据在广州寄寓的西医所述，"华人吸烟者日异月新，即爪良慕娘、苏门答腊、越南、暹罗、实叻、槟榔屿等处，一律蔓延，其害皆由华人为之先导，以致流毒难堪"。这些华工"一经吸烟成，

---

① 当时英文报纸对 1893 年去世的第五任青云亭亭主陈明岩的评价："On the death of his elder brother Mr. Tan Beng Swee, the deceased, Mr. Tan Beng Gum, was elected by the Chinese community as their leader, a position in which he was recognised by the Government." 参见 *Straits Times Weekly Issue*, 19 September 1893 (5).
②《暹逻宝矿》，《申报》1879 年 9 月 19 日，第 2 版。
③《厦客谈新》，《申报》1889 年 9 月 5 日，第 3 版。
④《华工苦况》，《申报》1890 年 8 月 26 日，第 2 版。

避除筹计，阿芙蓉外不能多积数文，最要者莫如饔□亦难饱餐一顿"。这种行为"不特本人之身体有损，即室家亦同被荼毒，为祸之烈，盖有不忍言者矣"[1]。华工吸食大烟的比例很高，1880年，约有20%的华工都染上烟瘾。[2] 在锡矿场工作的华人吸大烟的比例更高，1904年，约一半在霹雳州端洛锡矿场工作的华人吸鸦片。[3] 鸦片给马来亚带来丰厚的税收，托基（C. A. Trocki）甚至将鸦片视为华人在东南亚的资本主义起点。[4] 20世纪初期，西医伍连德在马来亚带领反鸦片运动，因得罪既得利益者而遭陷害。鸦片的猖獗，导致真空教（俗称戒鸦片教）在星马的兴起。

回国人士对星马的转述，普遍而言具有可信度。《申报》在报道这些内容，尤其是华工在星马的状况时，充满了知识分子的人文关怀。

二、转载其他报纸新闻

当时新闻线索有限，获取新闻的手段也很有限，因此转载其他报纸有关星马的新闻报道，也成为《申报》获取星马知识的途径之一。转载的报纸，既有英文报纸，也有中文报纸，如香港的《循环日报》。该报的创办人兼主编王韬，生于1828年。青年时曾和英国传教士麦都思等合作，完成了《格致西学提要》等译著。1861年他上书条陈太平军被清军缴获，遭清廷通缉，遂于1862年秋逃往香港。王韬在香港生活、工作二十几年，耳濡目染西方政治、经济、文化、科学，深

---

①《痛陈烟害》，《申报》1892年12月2日，第2版。

② Yen Ching Hwang, *Community and Politic: The Chinese in Colonial Singapore and Malaysia*, Singapore: Times Academic Press, 1995, p. 147.

③ British Malaya Opium Committee, *Proceeding of the Committee Appointed by His Excellency the Governor and High Commissioner to Inquire into Matters Relating to the Used of Opium in British Malaya*, Singapore: Government Printing Office, 1924, p. C223.

④ Article of C. A. Trocki, "Opium and the Beginning of Chinese Capitalism in Southeast Asia", *Journal of Southeast Asian Studies*, 33(2), Jun 2002, pp. 297-314.

感中国要富强，必须改变现状。1873 年，王韬和朋友——留美归国学生黄平甫开始筹划办报。先集资设立中华印务总局。翌年 2 月，《循环日报》创刊，在当时影响很大。[①] 由于香港靠近星马，《循环日报》所获取的星马的新闻不仅多于《申报》，而且更真实。因此成为《申报》不断转载的主要中文报纸。[②]

1880 年 2 月 16 日《申报》转载了《循环日报》的《士地列士地名考》，以下为节选：

> 日报中常言士地列士埠，恐人未能遽明，兹为详言之，俾读者知其梗概焉。士地列士，乃英国属土，在亚细亚洲为最要之区，其埠有四，曰新嘉坡，曰庇能，曰威里士厘，曰麻六甲，合四埠之土地，计之约四千七百六十里，合四埠之人民，计之约三十一万，此版籍之数，乃一千八百七十一年所稽核者也。新嘉坡在马瞒海股南嘴，广袤二百二十四里，人民十万有余，一千八百十九年为英国所得。其时英国总兵官为士担活喇富路，后封爵授巴图鲁。英于新嘉坡设官置戍……今设总督一，曰罗弼臣……辅政司一，曰师蔑，即前本港华民政务司师君也……以下律正司一人，……库务司一人，……经历司一人，……司机器官一人……皋司一人……副皋司则有二人……复有议政局司书一人……。庇能又名布

① 李仲明：《报刊史话》，北京：社会科学文献出版社，2011 年，第 12—13 页。

② 《申报》转载《循环日报》的篇数，按年份统计，1874 年 73 篇，1875 年 76 篇，1876 年 50 篇，1877 年 66 篇，1878 年 90 篇，1879 年 113 篇，1880 年 53 篇，1881 年 13 篇，1882 年 13 篇，1883 年 16 篇，1884 年 7 篇，1885 年 4 篇，1886 年 2 篇，1887 年 1 篇，1888 年 1 篇，1889 年 0 篇，1890 年 1 篇，1891 年 1 篇，1892 年 1 篇，1893 年 0 篇，1894 年 6 篇，1895 年 6 篇，1896 年 15 篇。大概可知 1874—1880 年为主要转载期，最高为 1879 年 113 篇，最低为 1876 年 50 篇，1881 年后减少，这与当时信息来源和途径增加有关。

连士阿富威路士挨伦，在马薀海股之西，纵积计一百有六里，人民六万一千余，一千七百八十六年基达国王割以界英者也。威里士厘，则在内地，与庇能相向，广袤合英里二百三十四里，一千七百九十八年基达国王割以界英，而又以奇里善河颠丁邑地属焉，民籍七万一千余，此埠不设官吏，以庇能副总督兼摄其政。……威里士厘，水土淑嘉，气候和煦，土产香料甘蔗，殊为繁植。麻六甲则介于新嘉坡、庇能之中，纵横广袤，合计之约英里六百九十五里，一千五百一十一年为葡萄牙人所据，建立埠头。一千六百四十一年荷兰人逐葡萄牙人，踞为外府，广为招徕，日益繁盛，一千七百九十五年，英人又逐荷兰人而有之，此地遂为英之属土，隶入版图，建立书院，文教事兴，英以此事曾于一千八百二十四年与荷兰人立约。民籍七万七千七百五十六人，其中马薀人五万八千余，中国商民约一万三千五百人，拥厚赀、为巨贾、购田园、长子孙者，不知凡几。物产则胡椒、树胶、牛皮、牛角、糖米、香料、颜料、加非、烟丝、锡等。一千八百七十八年，麻六甲公家入息，共金钱三十三万六千四百四十九磅，国家每岁度支三十三万九千五百三十五磅。设官则总督一人，议政员九人，定例局员十六人，其中有官守者十人，无官守者六人，皆国家所遴选者。以上四埠合而称之曰士地列士。[①]

该文为较早介绍马来半岛英国殖民统治情况的文字，简明扼要，叙述准确，较之晚清一些文人笔记中的记载也不逊色。该文无撰者，前面部分文字与薛福成于光绪六年（1880）二月十六日的日记中所记

①《士地列士地名考》，《申报》1880 年 2 月 16 日，第 3 版。

载的类似。① 但《循环日报》所刊发时间早于薛福成日记一个月，或许是当时对星马的记载已经有所本，二者为一个来源，只不过《循环日报》提供的信息更为详细具体。

"士地列士"当为海峡殖民地的音译。该篇文章先介绍何为"士地列士"，曰："其埠有四，曰新嘉坡，曰庇能，曰威里士厘，曰麻六甲。"这就是 1826 年成立的海峡殖民地（Straits Settlements）的辖区。"新嘉坡"即新加坡，"庇能"即槟城（Penang）的音译，"布连士阿富威路士挨伦"即"威尔士太子岛"（Prince of Wales Island），则是指槟城早年的另一个名称；"威里士厘"，即威斯利省（Province Wellesley），在槟榔屿东部的半岛上，与槟榔屿隔海相望；"麻六甲"即马六甲，1824 年英国用苏门答腊岛的明古连（Bencoolen）与荷兰交换而来。这段论述是在地理上将"士地列士"分为四埠，其实当时海峡殖民地分为三个行政区，威斯利省属于庇能，即槟城的一部分。1874 年，英国分别与霹雳州马来统治阶层，以及华人帮派领袖签署《邦咯条约》（Pangkor Treaty）②，在这项条约中，此文提及的"颠定"，即天定（Dinding）也归属海峡殖民地，一直到 20 世纪 30 年代才重还霹雳州。

这篇地名考的特色可归纳为以下数个：

---

① "士地列士埠乃英国属土，在亚细亚洲，为最要之区。其埠有四：曰新嘉坡，曰威里士厘，曰麻六甲，曰庇能。合计四埠地约四千七百六十里，人约三十一万。新嘉坡广袤二百四十里，人民十万有余，庇能又名布连士阿富威路士挨伦，在新嘉坡西北，纵横一百六里，人六万一千，数十年前基达国王割以界英者也。威里士厘在内地，与庇能相向，广袤二百三十四英里，亦割之基达，国民七万。麻六甲介于新嘉坡、庇能之中，纵横六百九十五里，葡萄牙始踞之，荷兰复踞之，英人复有之，人六万一千。以上四埠合称之曰：士地列士。"（清）薛福成著，蔡少卿整理：《薛福成日记》（上），光绪六年二月十六日（3 月 26 日），长春：吉林文史出版社，2004 年，第 305 页。

② 相关条约可见 *Proceedings of the Strait Settlement Legislative Council for 1874*, Enclosure F. in Clarke to Earl Kimberley, No. 43, Singapore, 24/2/1874, CO 275/17. 条约英文原文亦可见［马来西亚］陈爱梅和杜忠全主编《南洋华踪：马来西亚霹雳怡保岩洞庙宇录与传说》，北京：中国社会科学出版社，2017 年。

（一）使用官方资料。"士地列士"人口的资料来源，该文指"此版籍之数，乃一千八百七十一年所稽核者"，这表示撰文者采用了英殖民政府1871年的官方数据。虽然英殖民政府在1801年就开始在海峡殖民地进行人口调查，不过就槟城和马六甲而言，严格意义和完整的人口调查，要等到1871年才出现。[1]这篇文章的作者，就引用了1871年的英殖民政府人口调查的官方资料。

（二）资讯缓慢。文中所提新加坡的总督是罗弼臣。罗弼臣在1877年上任，到1879年2月就离开新加坡[2]，《申报》在1880年2月转刊《士地列士地名考》时，罗弼臣已离开新加坡，不再担任总督了。

（三）以清朝封号理解英属马来亚。《士地列士地名考》说："一千八百十九年为英国所得。其时英国总兵官为士担活喇富路，后封爵授巴图鲁。""士担活喇富路"，为英人史丹福·莱佛士（Stamford Raffles），新加坡海港城市的创造者。1819年，莱佛士占据新加坡时，他是明古连的总督，但《士地列士地名考》作者却以"总兵官"来称之。更有趣的是，作者称莱佛士在1819年占据新加坡后，被赐封"巴图鲁"头衔。巴图鲁是清朝极有特色的民族封号，汉译英雄或勇士，后来成为清朝封赐有战功人士的封号。显然，作者把清朝封号套在星马英殖民官员身上是不正确的。

《申报》转刊《士地列士地名考》是中国内部有关星马知识传播的具体表现。《士地列士地名考》在译名上自成一格，如将"马来"（Malay）译成"马薀"，"吉打"（Kedah）译成"基达"等，这应该是作者的方言音译，流行并不广，因为这些词在后来的文献中就鲜

---

[1] Saw Swee-Hock, *The Population of Peninsular Malaysia,* Singapore: Institute of Southeast Asian Studiens, 2007, p. 318.

[2] *The Straits Times*, 14th July 1877, p. 1;*Straits Time Overland Journal*, 15th Feb 1879, p. 5; *Straits Time Overland Journal*, 22nd Feb 1879, p.1; *Straits Time Overland Journal*, 14th June 1880, p. 9.

少出现了。作者要求准确，使用了当地的官方资料，可惜没跟进最新发展。我们现在很难得知，作者是出于自己的视角，还是出于读者群的需要，将远在南洋的英国官员套上清朝的封号，这都透露出中国在了解星马时，偶尔会使用自己可以理解的词汇去探索外面的世界。

三、来自星马地区的论述

清政府对星马地区有比较清晰的认识，始于外交使节的活动。这些人的奏疏和记录成为当时清政府的主要决策依据，也因此才有了在星马设置领事的措施。星马的领事始于1877年，首任新加坡领事为土生华人胡璇泽（亚基），他祖籍广东番禺，同时身兼日俄新加坡领事，1880年病卒。[①] 清政府1882年正式任左秉隆为领事。他毕业于同文馆，于光绪五年随曾纪泽出洋，派充英文三等翻译官，其头衔是五品衔都察院学习都事。充任新加坡领事后，不负众望，在任内纠正前任的积弊，"清理华洋讼案，劝谕富商捐资，设立义塾，奖掖绅民，因应得宜，操持不苟。不惟华民爱戴，即各国驻坡官绅皆敬佩之"[②]。因此曾纪泽连续保荐他连任九年。左秉隆上任后，清政府对星马地区乃至南洋的认识更加接近理性。《申报》1882年6月头版有一篇论述，虽然没有标明作者，但是应是由新加坡寄回的。

> 新嘉坡，暹逻南境尽海处，盖逻地北接云南，其形势侠长，南入于海者千有余里，诸番各成部落，而仰暹逻为望国，如大年、彭亨者，百里之封，十有余部。暹为中国之藩，而诸部又为暹之蔽，假令暹之君臣修其政教，诸部奉之，如辅

---

① 柯木林主编：《新华历史人物列传》，新加坡：教育出版私营有限公司，1995年，第150页。
② （清）曾纪泽：《曾惠敏公奏疏》卷五《恳留新加坡领事疏》，《清代诗文集汇编》，第739册，上海：上海古籍出版社，2010年，第432页。

车之依，指臂之助，岂不有益于暹？而惜乎其无统驭之术也。暹不能有诸部，故不能有新嘉坡。而地势锐出南洋，与南境对峙之苏门答腊，俨成扃键之形。欧人西来，舍此门径，其将奚从，乃乘暹人不能抚治之间而据之，以为外府。欧人之通商于太平洋，其利益更大于阿墨两洲者，未始不因得新加坡而起。顾西人之计得矣。窃谓暹罗不足深论，而近来中国仿欧人之所为，行见东西两洋轮帆四出，在有事于日本美国之时，道不经此，无所关系，惟西达印度洋，北历欧洲诸国，则为西人必入之门，即为我必出之路。而此地之属于他国，亦越有年。大有托人宇下之慨，殊非所宜。[①]

该文为当期《申报》头版头条，可见对其的重视。不仅因其所论震动人心，窃以为也缘于作者身份的特殊性。该文开篇论述新加坡的地理形势，所论重点不在暹罗，而在新加坡与苏门答腊成"扃键之形"，"欧人西来，舍此门径，其将奚从"，"惟西达印度洋，北历欧洲诸国，则为西人必入之门，即为我必出之路"，马六甲海峡为东西交通门户，欧洲人东来必须经过此门户，而中国西向印度洋，也必须经此。1882年已经有人将其地理重要性鲜明地提出了。"而此地之属于他国，亦越有年。大有托人宇下之慨，殊非所宜"，交通上受制于人，事事掣肘，将会成为心腹大患。在140年以前，就有人提出如此深刻的见解，让人不由得击节赞叹。

在19世纪末期，星马地区华人人数与日俱增，原有的新加坡领事只统辖一地，未能对星马华人加以保护。因此清政府的有识之士如丁汝昌、薛福成等拟定在新加坡设总领事，并兼管槟榔屿、马六

---

① 《书新加坡近事兼论藩属大势》，《申报》1882 年 6 月 24 日，第 1 版。

甲及附近各处的奏章，于8月间具折陈奏，交总理衙门议奏。因为"先议准新加坡总领事为急，此事关系南洋全局，办不牵涉他事"的宗旨，清朝政府很快就决定："新加坡领事升为总领事，奏准以黄遵宪充补。"光绪三年（1877），黄遵宪（1848—1905）就开始了他在日本的外交生涯。驻日期间，他探研日本国情，完成《日本国志》。光绪十四年（1888），他被派任驻英二等参赞前，向北洋大使李鸿章呈《日本国志》。[①]1891年黄遵宪由伦敦驻英参赞转任新加坡总领事，仍然致力于了解当地地理、历史等。黄遵宪在1891年11月就职后发布的公告，《申报》也全文转录，成为时人了解星马的一个窗口，全文移录如下：

> 大清钦命驻劄新嘉坡兼辖海门等处总领事官、二品衔、候补班前先补用道黄，为示谕事：照得新嘉坡设立领事，保护吾民既十余年，惟新嘉坡以外大英属地甚多，寄寓华民□盛，我总理各国事务衙门王大臣，念近日通商之局日开，吾民出洋谋生者益众，不可不加意保护，因特咨请出使英国大臣□商诸大英外部□新嘉坡领事改为总领事兼辖海门等处，既□外部允行，即奏请将本领事充补此职，复经总理衙门议奏，奉谕旨，准行。兹本领事业已到任视事，查南洋各岛大英属地，除远处不计外，其归新嘉坡管辖者，曰麻六甲城并省，曰槟榔屿岛，曰丹定斯群岛，曰威利司雷省，曰科科斯群岛，是皆属土。此外保护各邦有：白蜡、硕兰莪、芙蓉等处。前于西历一千八百八十五年，大英政府联合各地，定其名称

①《咨送前出使日本参赞黄遵宪所著日本国志一书请查阅》，《黄遵宪著呈日本国志案》册，《总理各国事务衙门》全宗，光绪十四年十一月十七日，馆藏号01-34-003-09-01（"中研院"近代史研究所档案馆）。

日实得力塞多尔曼士，译即为海门属部。兹当总领事创设之始，本领事到任之初，自应普告我华商人等一体知悉：凡新嘉坡总督所辖之地，所有寄寓华民，本总领事均有保护之责。本总领事办理交涉已十余年，在日本五载，居金山四年，兹复由驻英参赞调充是缺，凡总领事职分之所，当尽权力之所能为断，不敢不殚竭心力，上以抒报国之忱，下以尽护民之职。我华商等来寓此邦远者二三百年，多有置田园、长子孙者，近者或十数年，或数年。远方服买，亦能以善□，积耐旁苦，著名于五部洲，而衣冠制度不忘故土。频年以来，□捐赈款。其急公报上之忱，久为中国士夫所推□，尤为本总领事所爱慕。若能视本总领事如一乡之乡望，一姓之族长，同心合力，无分畛域，□□美举。既可以增国之辉光，亦可以延己之声誉。至于负贩细民，劳苦工役，远□异方，自食其力，但能安分守业，不背地方官法律，即不失为我国善良。本总领事实有厚望焉。此谕。

大清光绪十七年十月初九日示 [1]

在黄遵宪来新加坡之前，新加坡领事只保护新加坡一地之华民，奈何星马华侨众多，权力所限，无法尽行保护职责。因此"总理各国事务衙门王大臣"即当时的庆郡王奕劻，才建议改新加坡领事为新加坡总领事兼辖海门等处，"海门"即马六甲海峡。黄遵宪到任后，查明"其归新嘉坡管辖者，曰麻六甲城并省，曰槟榔屿岛，曰丹定斯群岛，曰威利司雷省，曰科科斯群岛，是皆属土。此外保护各邦有：白蜡、硕

---

① 《示颁新政》，《申报》1891 年 11 月 30 日，第 2—3 版。

兰莪、芙蓉等处。前于西历一千八百八十五年，大英政府联合各地，定其名称曰实得力塞多尔曼士，译即为海门属部"。"归新嘉坡管辖"，其实就是 1826 年在槟榔屿成立的海峡殖民地（Straits Settlements），归属东印度公司管辖，1832 年总督府迁到新加坡。1858 年东印度公司取消，归加尔各答总督管辖，1867 年成为直属英殖民地部的皇家殖民地。丹定斯群岛，即天定州（Dinding），包括如今的邦咯岛（Pangkor）及曼绒（Manjung）。"威利司雷省"即前述"威斯利省"，槟榔屿对面的大陆部分。科科斯群岛（Cocos Islands）位于印尼苏门答腊岛以南，澳大利亚以西，原为锡兰总督管辖，1886 年划入海峡殖民地管辖。保护邦"白蜡"即霹雳（Perak），"硕兰莪"即雪兰莪（Selangor），"芙蓉"即森美兰（Negeri Sembilan），都是英国保护州（Protected States）。对于此事，薛福成在光绪十九年（1893）的记载为"光绪十一年（1885），联合坡、屿、甲及颠定群岛、威烈斯雷省、科科斯群岛，暨归英保护之硕兰莪、大小白蜡、彭亨诸国，定其名曰实得力塞多尔曼士，译即海门属部，而总督则驻新嘉坡"[①]。"实得力"，即新加坡，薛福成云"新嘉坡番言狮子城也，或作息辣，或作息力，又作实得力，为英国海门属部之都会，海门总督驻焉"[②]。"实得力塞多尔曼士"即海峡殖民地的音译。海峡殖民地成立于 1826 年，而英国则在 1895 年把雪兰莪、霹雳、彭亨、森美兰合并为马来联邦。

黄遵宪云："我华商等来寓此邦远者二三百年，多有置田园、长子孙者，近者或十数年，或数年。"他对华商的叙述比较公允。马六甲三宝山现存最早的墓碑，为 1614 年"明故妣汶来（？）氏墓"与

① （清）薛福成：《出使日记》，饶宗颐编：《新加坡古事记》，香港：中文大学出版社，1994 年，第 151 页。
② （清）薛福成：《出使日记》，饶宗颐编：《新加坡古事记》，第 146 页。

1622 年的"黄维弘与谢寿姐墓"。[①]可知华商南来星马地区有记录者在明代，故而黄遵宪说"二三百年"恰如其分。"衣冠制度不忘故土"，除了少数土生华人，多数华侨都还保留着清朝的礼仪制度。"频年以来，□捐赈款"，星马对清朝的捐款，在 1878 年《申报》就有记录。"西国官商闻中华晋豫之洊饥也，踊跃乐输，源源不绝。昨阅晋源报，知香港已寄第四次赈银来沪，计银三千两。英国又邮寄两次来华，共银一万一千两。槟榔屿一埠，亦寄来一千一百七十五两……"[②]晋豫之饥，指的是 1876 年山西的旱灾达到极点，旱灾波及 82 州，赤地千里，哀殍遍野[③]。1883 年顺天、直隶、山东水患，南洋各埠收到善士来款，其中包括"新加坡招商局陈君金钟；槟榔屿招商局胡君紫珊；巫来由夹毕丹郑君嗣文"[④]。"巫来由"在清朝可指马来亚；"夹毕丹"，即甲必丹，是当时英政府赐予马来亚华人的最高封号。[⑤]郑嗣文（1821—1901），又名郑景贵（Chung Keng Kwee），字慎之，生于广东增城，到南洋发迹，被霹雳参政司（Resident）称为全霹雳最富有的人，[⑥]积极参与各项慈善活动。《申报》所指之"胡君紫珊"是何许人呢？照推论，他应该是当时槟城有名的侨领，因此，推论为胡子春，而"紫珊"可能是"子春"的音误。

1886 年福州筹赈公所领导人致信英国驻当地领事馆官员，请其

---

① 黄文斌：《马六甲三宝山墓碑集录（1614—1820）》，吉隆坡：华社研究中心，2013 年，第 44—46 页。

②《西商续捐赈款》，《申报》1878 年 5 月 10 日，第 2 版。

③ 郝平、高建国主编：《多学科视野下的华北灾荒与社会变迁研究》，太原：北岳文艺出版社，2010 年，第 248 页。

④《上海陈家木桥协赈顺天直隶山东水灾公所粤闽江浙同人书》，《申报》1884 年 2 月 28 日，第 3 版。

⑤ 有关"甲必丹"的历史沿革和马来亚华人甲必丹的介绍，可参阅 C. S. Wong, *A Gallery of Chinese Kapitan,* Singapore: Dewan Bahasa dan Kebudayaan Kebangsaan, Ministry of Culture, 1963.

⑥ Ho Tak Ming, *Ipoh When Tin was King*, Perak: Perak Academy, 2009, p. 27.

132

通过外交系统代为筹赈等[①]。次年2月，就已经收到捐款，"王锦堂军门在槟榔屿劝捐，前已电汇番银二千元，兹复汇至番银三千六百元。又暹总领事陈篆金钟在新加坡劝捐，两次共汇番银二千余元，俱见谊敦桑梓，泽普灾黎，有加无已之至意。谨此登报，以达谢忱。同人拜启"[②]。因此福州筹赈公所登报鸣谢。可见晚清星马华侨对清朝灾情的关心。

正是因为有了新加坡总领事黄遵宪在当地查询华人境况，并上报清政府，才有了光绪十九年（1893）的豁免华侨流寓海外无法回原籍的政策出台。"兹经据派驻新嘉坡总领事官道员黄遵宪查得南洋各岛商民，华人十居其七，数逾百万，闽人又数倍于粤，最称殷富。百余年来，正朔服色，仍守华风，遇中国筹赈，多捐巨款，以封衔翎顶为荣。惟筹及归计，则皆戢额相告，以为官长之查究，胥吏之侵扰，宗党邻里之讹索。"[③]因为有黄遵宪长期在当地的调查了解，才为清政府提供了实施正确决策的依据，这对今天也有很大的启发意义。张之洞在光绪二十四年（1898）举荐黄遵宪当驻日本大使时，很重要的一条原因就是他"深悉外洋各国情形"[④]。

除了黄遵宪，在中国刊物介绍星马知识的还有梁碧如。梁碧如（1857—1912），又名梁辉、梁廷芳，是马来亚联邦议会（Federal Council）的第一位华人议员。[⑤]此外，他也是清朝槟榔屿副领事。[⑥]

①《福州筹赈公所致英翻译官法垒斯函稿》，《申报》1886年9月18日，第4版。
②《福州筹赈公所启》，《申报》1887年2月9日，第9版。
③《奕劻等议奏薛福成请豁除海禁旧例折》，陈翰笙主编：《华工出国史料汇编》（第一辑），《中国官文书选辑》（第1册），北京：中华书局，1985年，第295页。
④（清）张之洞：《保荐使才折并清单 光绪二十四年六月初一日》，《张文襄公奏议》卷四十八《奏议四十八》，《张文襄公全集》民国刻本。
⑤陈爱梅：《英属马来亚华人二战前社会运动类型》，《南洋问题研究》2014年第3期。
⑥《槟榔屿副领事改派同知梁廷芳已咨会英外部请查照由》，《张德彝使英》册，《外务部》全宗，馆藏号02-12-010-02-015（"中研院"近代史研究所档案馆）。

他在担任副领事期间，曾在《商务官报》发表《振兴矿务刍言》，并翻译《白蜡办矿则例》①，具体介绍马来亚的锡矿业规范。《商务官报》刊登诸多南洋星马的消息，如新加坡总领事孙士鼎在光绪三十三年（1907）所著之《南洋各岛华商兴办学堂情形》等。②虽然如此，《商务官报》的读者群并不是一般民众，对于在中国传播关于星马的普遍性知识，远不及《申报》。

四、来自厦门的星马信息

星马虽然与华南远隔南海，但是由于华南是华侨的祖籍地，因此也有千丝万缕的联系。厦门在1842年《南京条约》后开埠，逐渐成为东南沿海重要的通商口岸，南下星马的华侨也多在厦门乘船。在厦门有准备南下星马的华侨，也有星马北上的商人，有关星马的各路人群都在此混合，故厦门多有关于星马的新闻，是《申报》有关星马知识的来源之一。

下南洋的福建省人，主要是闽南人，因此在星马地区闽南话又被称作福建话，尤其是在槟榔屿与新加坡，福建话多为通行方言。《申报》有云："福建漳泉两府以及永春、龙岩等县人，大半远赴南洋各海岛贸易，往年轮船争相揽载，船价日跌。去冬由厦开赴新加坡、槟榔屿，每名连饭食仅收银二元二角，各洋行无不亏折。今年遂不敢多置轮船，每行仅二三只，每月往来仅十一二只，船少而人多，船价为之大涨。时移事变，固有出于意计外者。"③福建漳州、泉州、永春州、

---

① 梁廷芳：《振兴矿务刍言》，《商务官报》，第六卷，光绪三十二年（1906）。梁廷芳（译）：《白蜡办矿则例》，《商务官报》，第十八卷，光绪三十二年（1906），第30—34页；第二十一卷，光绪三十二年（1906），第35—37页；第二十三卷，民国十年（1921），第33—36页。
② 孙士鼎：《南洋各岛华商兴办学堂情形》，《商务官报》，光绪三十三年（1907）九月十五日，第19页。
③《免葬鱼腹》，《申报》1888年5月15日，第2版。

汀州为下南洋人数最多者，大略符合早期华侨出洋的事实。新闻所述为厦门开往新加坡、槟榔屿的船票由于船只减少而价格大涨，为时人提供了对星马华侨的一般认识。

除了华侨出洋外，也有星马土生华人回到厦门做生意者，他们的活动也构成了内地有关星马的知识来源之一。1888年一则新闻说："有一等华民，在新加坡、槟榔屿、荷兰、吕宋各埠贸易，即在彼处娶妇生子，隶籍彼国者，名为妈妈。其人仍服中国衣冠，入英国籍者尤多。在厦门开设行栈，比比皆是。概目之为洋行，归英日各国领事管辖。在公正之家自无包揽偷漏之事，而资本有限者则不免借洋行之名为走私之事。盖香港上海各口运来呢羽绸缎布匹，均将提货单送交洋行代提，报关后将货提至行中存贮，乘便零星运送，或有在厘局报三五匹，以为售与本地店铺，借此一单更番转运，因此厘金日减，曹芷沅司马深悉其弊，特悬重赏购买眼线报信者，以罚款数成给赏。日前有某洋行代某字号偷漏羽毛缎匹，经局查获，料罚关帝庙前。著名某号恃有护符，向以偷漏为事者，现亦不敢公然作弊，此外各家亦多敛迹云。"[1] 此则新闻提供了对土生华人的一般认识，即在"彼处娶妇生子，隶籍彼国者，名为妈妈"。"妈妈"应为"Baba"，即"峇峇"，也被称为"海峡华人"，虽然很多"峇峇"失去了识别汉字的能力，但是依然保有中华服饰以及礼俗等。星马的海峡华人出生即为英国籍，此即"仍服中国衣冠，入英国籍者尤多"[2]。这些人因通英文和方言，故而在厦门开设洋行，以行走私贸易之实。1890年的一则新闻曰："鸿记洋行主丘、柯二姓，本海澄县新安乡人，

---

[1]《严查漏税》，《申报》1888年11月28日，第2版。

[2] 有关峇峇的研究，可参见陈志明（Tan Chee-Beng），*The Baba of Melaka*. Petaling Jaya:Pelanduk Publications.1998；John R.Clammer, *Straits Chinese Society:Studies in the Sociology of the Baba Communities of Malaya and Singapore*,Singapore:Singapore University Press,1980.

后皆入英吉利籍，专运货物往新加坡、槟榔屿、西贡各海口，以博蝇头。"① 丘、柯皆为"海澄县新安乡"人，该地即为海澄县三都所在，丘氏在槟榔屿即为"邱氏"，为大名鼎鼎的邱氏龙山堂，是槟榔屿福建人五大姓之首，势力极大。② 此则新闻为我们提供了邱氏在1800年前后到槟榔屿，发展近百年后，又回到祖籍地进行商业活动的证据。柯氏也是海澄县三都人，在槟榔屿势力虽不及邱谢林陈杨五大姓，但也有一定的经济实力。

南下星马的华侨并非一去不返，而是和祖籍地有千丝万缕的联系。他们不仅经常返回，也会对当地的神庙祠堂等建设予以捐赠。"厦门一隅，以陈吴黄王四姓为最多。粤籍陈姓在厦多年，与厦人联为一族，前年在浮屿地方购得旷地一区，捐集巨资建造大屋一所，名曰'陈姓祖祠'，无论贫富贵贱，凡属陈姓后裔，有愿将家中祖先神主迁入祠内者，悉听尊便，但核其捐款之多寡，以定位次之尊卑。去秋遣人在南洋各海口、实叻、槟榔屿、安南、西贡等处捐集数万元，今秋祖祠完工，上月落成。雇名班演戏，二三十抬，陆续迁木主入祠，热闹异常，各人所定戏班，按日搬演，壁间粘贴已有一百数十本之多，按日演唱，非半年不能完。族大人多，于此可见。"③ 很明显，这是粤籍陈姓和厦门陈姓的联宗组织，当地在南洋星马一带同族众多，因此才能获得数万元的捐赠。星马华侨对祖籍地的祠堂神庙的捐赠并不鲜见。笔者曾在厦门田调，于海沧区青礁慈济东宫发现一块光绪二十二年（1896）的功德碑，来自槟榔屿的"新江邱龙山堂捐缘银壹仟陆佰大银"居捐款数额的首位。身居星马的捐赠者众多，其中有前述陈金钟，他的头衔是"二品衔、候选道、驻新加坡暹罗总领事"，捐赠了"英

① 《鹭江即事》，《申报》1890年2月27日，第2版。
② 参见［马来西亚］陈剑虹《槟城福建公司》。
③ 《鹭江寒讯》，《申报》1889年11月8日，第1版。

二十大洋"，当然他于 1892 年就去世了，但迟至 1896 年才立的功德碑还是将他的名字头衔刻上。

第二节　1882 年前后中国有关北婆罗洲的叙述

今天所谓的加里曼丹岛，被国际社会普遍认知为"婆罗洲"（Borneo），是全亚洲最大的岛，也是全球第三大岛。今日之婆罗洲分属三个国家，即文莱、马来西亚和印度尼西亚。"北婆罗洲"就是如今的马来西亚沙巴州。沙巴西岸位于南中国海，东岸则面向苏禄海。据居住在沙巴北岸的人表示，从菲律宾南方岛屿游泳即可到达沙巴北岸。沙巴东面是印度尼西亚加里曼丹，长长的海岸线和国界，脆弱的国界防守，加上地广人稀，使沙巴州拥有可能是全马来西亚最多的非法入境者，绑架事件频传。

中国文献记载与婆罗洲最早通航的记录，或可追溯到公元 6 世纪之《梁书》。根据 1998 年出版的《中文古籍中的马来西亚资料汇编》和 2002 年出版的《中国古籍中有关新加坡马来西亚资料汇编》，中文古籍中婆罗洲的古地名包括三达门、山达根、日丽、什庙、长腰屿、古达、东西蛇罗山、可达、北般鸟、北般纽、圣山、拉布弯、拉浦湾、拉畔湾、咕哒、西龙宫、万年港、西蛇龙山、苏勿里、赤土白面山、佛泥、沙罢、文莱、哱泥、萨拉瓦、婆利、婆罗、腊婆恩、渤尼、渤泥、北慕娘、拉浦湾埠、根那峇东颜、实胜越、刺曷那卓和仙港那等。[①] 但上述两本资料汇编中，并没有收录《申报》所记载之婆罗洲资料。

---

① 整理自林远辉、张应龙编《中文古籍中的马来西亚资料汇编》，以及余定邦、黄重言等编《中国古籍中有关新加坡马来西亚资料汇编》。

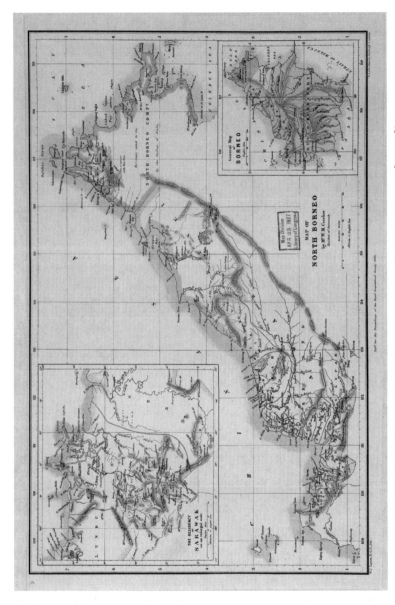

图 5-1　1881 年北婆罗洲地图（*Map of North Borneo*，London：W. & A.K. Johnston [1881]）

《申报》对了解 19 世纪后期的南洋地区多有帮助。[①] 笔者近来曾整理《申报》有关马来半岛，即今日之马来西亚与新加坡的报道。通过当时《申报》的新闻，来探讨 1882 年前后中国有关北婆罗洲（即今天沙巴）的叙述，就是本节所要重点关注的。

一、1882 年前后英国殖民者统治下的北婆罗洲之信息

在 19 世纪上半叶的时候，文莱苏丹和苏禄苏丹都宣称对北婆罗洲有管辖权。但在当地并未有统治机构存在。当时人宣称北婆罗洲最廉价的就是人的生命。这里的海盗和猎头族已经停止了对人的袭击。因此吸引了一位年轻的苏格兰工程师威廉·克拉克·考伊（William Clarke Cowie），他日后成为英属北婆罗公司（The British North Borneo Company）的总裁。他进入和苏禄苏丹有合作关系的一家贸易公司任职，在山打根建立了一个基地，他看到这里的经济前景，计划将这里变为英国所有。他势单力孤，但是恰好某位澳洲男爵先生和登特兄弟对他的计划很有兴趣。经过漫长的谈判，阿尔弗雷德·登特（Alfred Dent）利用了两位苏丹争执不下的漏洞，1878 年 1 月 22 日在苏禄苏丹宫殿顺利签署割让条约。这时的北婆罗洲没有秩序，到处都是土著的稻田和热带雨林。随后公司开始派遣官员深入原始森林，和土著部落交朋友，劝说他们放弃抵抗，并承诺给予他们保护和公正、仁慈的管理。公司开始建造办公室、兵营和房子。[②] 北婆罗洲开始进入发展的轨道。1881 年成立英属北婆罗洲临时协会有限公司（British North Borneo Provisional Association Ltd.）。隔年，北婆罗洲渣打公司（North Borneo

---

① 徐云：《早期报刊史料在华侨研究中的价值——以〈申报〉为例的分析》，《华侨华人历史研究》2015 年第 3 期。

② Owen Rutter, "British North Borneo", *Journal of the Royal Society of Arts,* Vol. 71, No. 3658 (DECEMBER 29, 1922), pp. 103-109.

Chartered Company）取代了英属北婆罗洲临时协会有限公司，并以古达（Kudat）为公司总部。[1] 北婆罗洲渣打公司的建立吸引大量的华人迁移到这里。沙巴首任总督德里泽（William Hood Treacher）对引进中国劳工采取积极的态度，认为他们是良好的、有秩序和素质的人。[2] 曾在上海等地担任英国领事的华特爵士（Walter Henry Medhurst）在1882 年被渣打公司任命为"英属北婆罗洲移民官员"（Immigration Commissioner of North Borneo），制度性引入中国移民。[3]

配合北婆罗洲渣打公司的移民政策，《申报》在1882 年开始出现相当数量北婆罗洲的资讯。1882 年10 月20 日在香港的《循环日报》就出现了北婆罗洲招垦的消息：

> 北般鸟一埠，虽属新开，近日愈形繁盛，华人前往者几于络绎不绝。垦地捕鱼，无不各获其利。前日北般鸟总理大宪曾将新埠纳税章程寄来港中刊诸日报。今闻所拟税章将来似可减轻，因总办各埠行旅处大员麦君特邮信与北般鸟总理大宪并英京值理人员请将纳税章程重行删改，凡有出入口货物，酌量减轻，借以惠商便民而广招徕，想总理大宪与值理人员必定俯如所请也。如是，则北般鸟新埠物产既庶，税饷又轻，往旅民人皆有如归之乐。其阛阓之旺，田土之辟，岂不日盛一日也哉！[4]

---

[1] George Mc. T. Kahin, "The State of North Borneo 1881-1946", *The Far Eastern Quarterly*, Vol. 7, No. 1 (Nov., 1947), pp. 43-46.

[2] Danny Wong Tze Ken, *The Transformation of an Immigrant Society: A Study of the Chinese of Sabah,* London: Asean Academic Press, 1998, pp. 13-14.

[3] 同上，第11—14 页，以及该章节注8。

[4]《意广招徕》，《循环日报》1882 年10 月20 日，第2 页。

报纸将新开辟的北婆罗洲描述为繁盛之区，华人去那里谋生者络绎不绝，这是具有煽动性的新闻而已。事实上，在 1882 年 10 月 27 日，《循环日报》才第一次刊登火船去北婆罗洲的广告：

> 兹有火船一只，名海南，于九月十八日礼拜早前往搬鸟忌督及汕打根埠。贵客如欲附货及搭客者，祈请至中环巴厘公司面议。此布。
>
> 九月十五日 巴厘公司启 [1]

"忌督"即古达，自此之后，香港开往北婆罗洲的火船的广告就经常出现了，火船从香港到古达的时间一般是 6 天左右 [2]，从此，北婆罗洲的劳动力也开始得到初步补充。

1883 年，英属北婆罗洲公司把首府从古达迁到山打根。古达位于今天沙巴的北端，与菲律宾的苏禄群岛遥遥相望。在 1883 年时，有福建商人去北婆罗洲贸易，在他眼里：

> 古达港口，见其礁石岩巉，星罗棋布，幸皆有浮桩以示微，故不为灾，计是处海约有西里三里之阔，六里之长，深则约有三十尺，岸旁有码头一座，约长一百尺，阔五十尺，两旁水深约十四尺，船艘泊此可无搁浅之虞。陆路人民以中国及马蕴人为多，是处屋宇衙署虽大兴土木，日事建造，仍未一律告竣，地方官以商旅辐凑，深虑无以为栖息之所，特

---

①《火船往搬鸟忌督》，《循环日报》1882 年 10 月 27 日，第 3 页。

② British North Borneo, *Straits Times Weekly Issue*,8 January 1883, p.10.

饬工人辟荆棘、诛蓬蒿、斫树木、启山林，以便建广厦而盖房屋，故迩时惟闻斧斤之声丁丁彻耳也。[①]

该篇报道给我们提供了有关 1883 年古达港口的情况。（1）古达港口"礁石岩巇，星罗棋布"，可知不是自然良港，需要设置浮桩才能提醒轮船躲开礁石。（2）港口有三英里宽，六英里长，深有三十尺。（3）码头一座，长一百尺，宽五十尺，水深十四尺，足够船舶停靠。（4）陆地人民，以中国人及马辔人为主，马辔人即马来人。说明该处华人已经人数不少。（5）此地建设依然在如火如荼进行中，"惟闻斧斤之声丁丁彻耳也"。对于刚刚开埠的古达港，当时港人明珊氏来此游览，有比较详细的叙述：

> 板屋茶寮四五十间，另有新建砖屋八间，尚未完善，其瓦面墙壁皆赭色，缘物料概由别处运来也。……登岸游览，见有粤人铺户十余间，皆作小买卖，内有新宁李姓数人……据云只到此三四个月，生理不多，水土亦劣。离埠七八里始有甜水，取之殊难。五、六月间因传染疫症死者颇众。但斯时此患已除，幸获无恙。本处出产，惟有沙藤、木料、树胶、燕窝等物，仍不甚多，盖因土人去埠较远……现观此埠不过甫辟数月，规模粗具，尚未能壮其观听。但见英人之伐木焚林，平治道路，极意经营，不遗余力，谅数年后或成一都会亦未可定。[②]

---

①《般鸟记略》，《申报》1883 年 1 月 3 日，第 1 版。
② 明珊氏：《婆罗洲游记》，《申报》1882 年 11 月 8 日，第 3 版。

可见此时古达港的建设刚刚起步，尚未形成规模，但相比山打根，古达港落后不少，这才有第二年首府迁到山打根之举。

同时期的山打根是什么情况呢？1882年8月明珊氏从古达转来山打根时，住在"志兴隆号内。该号系香邑陈君志廷所开，专做西国伙食生意，获利颇厚。陈君到此已四五年，乃此埠华人初来之始。性情慷慨，西人甚器重之。余居此多赖其周旋，殊深感佩。同船搭客，则分住广帮各号，亦有暂寓于粤东会馆者，各适其宜，差堪告慰。按此埠，草莱开辟已阅四载，埠中居民约三千名，内粤人约五百名，闽人二百名，欧洲人三十名，其余则巫来由及苏绿土人，而印度人在此当差役者亦有百数十名"[1]。可知山打根开埠伊始，就已经有华人前来贸易。1882年时山打根的华人以广东人居多，并且有了粤东会馆这一地缘组织。

1883年，有人从山打根回香港，在西文报纸上刊文发表观感。《申报》很快就将之转载，移录如下：

> 西字报谓：有某西人由北般鸟之山达根埠游历回港，据述是处民居率多滨海建造，华人之商其地者，设肆于市，贩售水族、杂货等物，密如栉比，颇形热闹，西人希十以所承领之地段，林麓深密，斧斤斫伐，猝难获效，拟用火焚之，俾便种植玉桂、豆蔻等物，中西人之领地者，实繁有徒。澳大利亚国人所设某公司，因其地宜于甘蔗，用以制糖，香味悉佳，特领地五万二千西亩，以便种植甘蔗。闻有某商亦拟在是处开设糖局，经在外埠购有制糖机器，不日即可运至矣。[2]

① 明珊氏：《婆罗洲游记》，《申报》1882年11月8日，第3版。
② 《南游略述》，《申报》1883年10月17日，第2版。

山打根是英国殖民者在北婆罗洲开辟的第一个规模较大的城市，1884—1945年是英属北婆罗洲的首府。在这篇报道里，山打根民居大多"滨海建造"，这和当地刚开发，遍布热带雨林有关，民众只能沿海居住。华人已经开始在此地设肆经商，贩卖水产品和杂货。此时山打根百业待兴，英国人承领的各个地段，都开始了开发的进程。比如西人希十以所承领之地段，"林麓深密，斧斤斫伐，猝难获效，拟用火焚之，俾便种植玉桂、豆蔻等物"，即此处山林繁茂，用人工砍伐效果甚微，因此打算放火烧山，以便种植玉桂、豆蔻等香料作物。香料作物经济利益巨大，在马来半岛和荷属印度尼西亚也广泛种植。在目击者看来，这样做的人还挺多，无论华人还是西人。澳大利亚的某位商人，则"特领地五万二千西亩，以便种植甘蔗"，种植甘蔗的产业下游，就是制糖业，因此"某商亦拟在是处开设糖局，经在外埠购有制糖机器，不日即可运至矣"。可见，这里开始形成产业链条。能够使山打根的商业得到发展的原因，即这里的交通便利。

在转载香港《循环日报》的另一篇报道里，山打根被称为"新爹根"：

> 新爹根一埠……土膏腴沃，天时和暖，水土相宜，商人到此，疾病无惧，将来垦辟荒芜，各物皆可种植……现在拍买建铺地段甚为兴闹，各商俱争先恐后，约有地五十段，经人买受，每段价值不等，计自二十七圆起至百圆止者均有之，有荒地四万英亩，在是处经已购买，而上海某华商公司复购得地四万英亩，更有人商拟购地大段，用以种植甘蔗，观此情形将来定成一大口岸也。[1]

①《般鸟来札》，《申报》1882年12月28日，第2版。

这篇报道提供了很多有关 19 世纪后半叶山打根的信息。（1）这里自然条件好，"水土相宜"，适合人居住，商人到此不怕热带疾病。且地力较好，适合种植各种作物。（2）殖民者在迁徙之初，就开始拍卖地段，约有五十段，经人买断，价格自 27 圆到 100 圆不等。有荒地四万英亩已经被购买，上海的某华商公司又购买了四万英亩。还有人要购买更大的地块种植甘蔗，和上文相呼应。（3）交通便利。新加坡早已开通与纳闽（Labuan）、古达和山打根之间的邮递业务[①]和轮渡业务[②]，并且在 1884 年将增加新航线。当然这和山打根的港口条件有关。山打根港口的"海面约有西里十里之长，五里之阔，水深约五十尺，内有礁石暗伏于下，船艘出入时须小心留意，现经地方官拟设浮桩以便船艘往来，港内又有码头一座，并木屋数十椽，盖是处土人每于海旁搭盖房屋，效秦风板屋之遗，聊资栖止……是处人民强壮，水土甘美，想将来可成一大都会也"[③]。可见此时的北婆罗洲给时人一种欣欣向荣、未来一片美好的印象。

1883 年，德国企业家在欧洲人和三个华商的支持下，在上海成立"中国沙巴农业土地公司"（China Sabah Land Farming Company）。这个公司在山打根取得四万英亩的土地种植烟草等。[④]《申报》转载《循环日报》的报道，似乎鼓励人们前往这片欣欣向荣的南洋乐土。不过，这家公司经营数年就放弃了。[⑤]

虽然英方鼓励中国移民，但由于各种客观条件，北婆罗洲的发展一直比较缓慢。1890 年薛福成撰《出使日记》，曾对北婆罗洲的情况

---

① Mails Close, *The Straits Times*, 21 September 1883, p.3.

② Arrivals, *The Straits Times*, 19 January 1883, p.4.

③《殷鸟记略》，《申报》1883 年 1 月 3 日，第 1 版。

④ Danny Wong Tze Ken, *The Transformation of an Immigrant Society: A Study of the Chinese of Sabah,* London: Asean Academic Press, 1998, p.17.

⑤ 同上。

有所描述：

> 其省城曰山打根埠，内华人不过数百，散处内地作工者
> 千余人……但开埠仅六年，地广人稀，全未开辟，水土尚有
> 毒气，伐木华工多染脚气等症，是以未甚畅旺。政治之坏，
> 莫如设立赌税。又山打根本系英公司租地，所租在般乌全岛
> 不过四分之一，地势偏北，号北般乌，周围有十万方里。而
> 山打根本港，内地河道甚多，宜于种植；港门外一河，长
> 四百五十里，左右两岸皆金沙也……
>
> ……自英公司禀准英廷在山打根开埠，并请英廷派官监
> 理港务，不过六年。华人数百，板壁铺户二百余家，生意未
> 见繁盛。察看北般乌英公司四省之地，此时全未开垦……地
> 土肥饶，开垦之利必赖华工，英官皆能知之。[①]

薛福成并未亲自到北婆罗洲一探究竟，而是于光绪十六年（1890）6
月22日查旧卷，发现光绪十二年（1886）6月准两广总督张芗帅咨开
"南洋各埠华民商务情形，现经奏派记名总兵王荣和，内阁侍读、候选
知府余瑞，前往南洋各地访查体察，详细禀陈"，其中就有北婆罗洲。
他不过是"将王、余二委员先后所禀闻见实情，摘录如左"。他所摘录
的是1886年的情形，有几点需要我们关注：（1）山打根在1886年时
华人不过数百人，散处内地做工的华人千余人。（2）开埠6年地广人
稀，水土有毒气，伐木工人多感染脚气等病，因此不甚畅旺。（3）与
马来亚地区一样，英属北婆罗洲公司也开设赌场收取赌税。（4）"港门

---

① 林远辉、张应龙编：《中文古籍中的马来西亚资料汇编》，第546—547页。余定邦、黄重言等
编：《中国古籍中有关新加坡马来西亚资料汇编》则未收薛福成有关北婆罗洲的论述。

外一河，长四百五十里"，即乾那八达颜河（即 Kinabatangan River，今译京那峇达岸河），为马来西亚第二长河，长达 560 千米。当时《申报》刊登有对此河两岸的描写："而遥河岸一带，地土肥沃，居民鲜少，宜于耕植，数百里皆平原，五谷、烟叶、甘蔗、西米、沙谷、米洋靛、金密各物为最，合人民于平远小山结庐而居，亦有种植别项果木，如香蕉等类，处处有之，大木极盛，而土人善于斩伐，木质美而坚，于建造船只及诸般木工所作，无不相宜。河边果木，其实累累，汁多味美，虽不知名，莫喻其妙，且丰盛烂熟，无人收取，欲果腹者，不过一举手之劳耳。数十里内，一望皆然，若鱼虾之类，充斥河滨，其味甘美，取之亦易，然则以安分良民，携挈妻子定居于此，勤力稼穑，又何患衣食之不给、饥寒之交至也哉。"[1] 此河两岸物产丰富，居民少，土地肥沃适合耕作，在作者看来，只要"勤力稼穑"，就可衣食无忧了。

顺便说一下，随着华人日渐增多，源于原乡的风俗习惯在北婆罗洲也开始出现。比如华人民间的迎神赛会，在北婆罗洲也成为每年一度的节庆。1888 年的《申报》有报道：

> 西报述般鸟地方现在华人日渐众多，其地亦建有寺院神像，今年寓居该处之华人迎神赛会，颇形热闹。有龙三条，其长者约三十丈许，惟日不足，继之以夜，男妇老少往观者，咸衣服丽，都与在华无异。闻此举需费约三千金云。[2]

华人移民到海外，也将原乡的信仰形式带了过去。1888 年，北婆罗洲的华人已成规模，他们集体庆祝神诞，除了保佑平安之外，也

①《北般鸟乾那八达颜情形》，《申报》1883 年 7 月 12 日，第 2 版。
②《般鸟赛会》，《申报》1888 年 8 月 10 日，第 2 版。

是聚集华人以强化认同的方式。此时，距离山打根开埠也才十余年而已。

二、1882 年前后清朝人对北婆罗洲的观点

清政府对星马地区的认识一直比较模糊，直至魏源编纂《海国图志》的时候亦不清晰。而有比较清晰的认识，始于清政府外交使节在新加坡有所经历之后。这些人的奏疏和记录成为当时清政府的主要决策依据，也因此才有了在星马设置领事的措施。星马的领事始于1877 年，首任新加坡领事为土生华人胡璇泽（亚基），他祖籍广东番禺，同时兼日俄新加坡领事，1880 年病卒。清政府 1882 年正式任左秉隆为领事。左秉隆上任后，清政府对星马地区乃至南洋的认识更加接近理性。时人对婆罗洲的认识，也更趋理性。1883 年 7 月《申报》刊登了一篇《婆罗洲拟设华官佐治说》，就是其代表。原文移录如下：

> 婆罗洲为南洋大岛，自中国琼台出洋，大小岛屿散列于南洋，不啻百十，而此洲实为巨擘。前明郑和赍诏航海，历诸岛开读而群番忽焉内附，遣使封王，贡舟岁至。盖迄中叶，役属于上国者，百余年矣……得字小之道，而无吞并之谋，所以为中国之体统也。顾世变百出，大局全翻，荷兰东来，诸国踵至，彼见番人拥有旷土，不知远图，弃地利而勿取，于是智驱力驭，渐怀荐居之志……于是封使贡舟绝迹，而中国亦坐向无治理藩属之故，不暇诘问，此明季所以失南洋之大势也。
>
> 自是以后，西国占有诸岛，此攘彼夺，大半为其属地……道光以来海禁大开，港澳互市，渐而内地，各□外洋情形始有讲求者，方知明季诸岛之不来，非小国之疏逖也，为泰西

所制，无以自通耳……

自苏门答腊、噶罗巴①两处海峡迎入西船，星罗棋布之区，何者不为诸西国之属□，中国反以地近而失之，形势不如西国多矣。前著《保越南十策》，内有二事，一言中国宜派兵船时巡南洋，以遥为越掌缅逻之声援，一则南洋诸岛凡西国所开埠之处，华人前往贸易佣作，其数多于西人二三十倍，虽相沿既凉地为西国统辖，宜归西人办理，然华人既多，不免交涉纷烦，苟有华官以为听断，华船以为保护，按诸西国通商章程，应有此事，亦非中国之奢望于西国也。……顾中国之于南洋，目前不及因越而争，而将来原不以越而止。

尝观北般鸟一埠，开自英人，风气日新，利益渐扩，而地面太广，数十年中尚未经营十二，缘英国三岛之民不敷迁居，富商巨贾出入四洲之上，往往于著名埠头，而不于新寻旷地，以故开辟无几，而岛中深山大泽，茂林平原，招徕多年，犹未有人满之虞也……窃谓洲境数千里，大于琼台，由内地以去，水程不过数十更，中国游民所在多有，闻之如水赴壑，事权纵归于英国，而工作实资乎华人，无论近在南洋从前内附，本为中国属岛。即以泰西各国，凡有华人之处，比类并观，按照和约，亦应由中国派设理事之官，以资钤束，地面归之英管，而民事可由华理，而且富商闻风挟资贸易，日渐众多，将来大局无非英人综其成，收其赋税而已，其余地上之利，大半必为华人所有。然则设华官以治华事，恶乎非宜。至于声势联络，兵船出洋，往来各岛之间，以为保护，而且借是以树越掌缅暹之援，又必至之势也。此事虽小，关凿中

---

① 指今印度尼西亚之雅加达。

国大局，实非浅鲜，愿当事者及早筹之。[1]

这篇文章是《申报》当日的头版头条，足以说明其重要。有几个方面可以体现作者的观点：

（1）明代中国与南洋诸国，属于中华朝贡体系，诸国以朝贡之名，行货物商贸之实。明朝亦在此制度下，获得天朝上国的地位和自尊。因此说"得字小之道，而无吞并之谋，所以为中国之体统也"。

（2）明代后期葡萄牙、荷兰、西班牙等殖民者东来，纷纷占领东南亚各土邦王朝，原有的东南亚朝贡体系内的邦国先后成为殖民地，朝贡体系基本崩溃。而中国由于和这些邦国没有藩属关系，因此也未能加以干涉，失去了对南洋的掌控。这就是"中国亦坐向无治理藩属之故，不暇诘问，此明季所以失南洋之大势也"。

（3）西方殖民者的争夺不断，南洋各地逐渐被瓜分。时间流逝，与南洋各国的朝贡体系已被遗忘。道光年间鸦片战争结束后，香港、澳门成为通商口岸，"方知明季诸岛之不来，非小国之疏逖也，为泰西所制，无以自通耳"。作者认为如果在南洋各国设官治理，"则亦何至他族逼处如今日之其哉"。而越南就是因为没有设官治理，所以法国才决意夺取。

（4）南洋各地，距离中国很近，却在西方人的控制之下。作者曾著《保越南十策》，其中一个建议是派军舰巡航南洋，以为中南半岛各国之声援，另一方面南洋各埠华人众多，如有纠纷，由华官治理，军舰保护。如此南洋各地华人互相联络成势力，法国人安敢觊觎越南？如按现在的情势，如果不和法国争越南，则将来法国的野心肯定不会止步于越南。

---

①《婆罗洲拟设华官佐治说》，《申报》1883 年 7 月 14 日，第 1 版。

（5）作者笔下的"北般鸟"埠，其实就是山打根，"地面太广，数十年中尚未经营十二"。因为英伦三岛居民不乐迁居，故"开辟无几，而岛中深山大泽，茂林平原，招徕多年，犹未有人满之虞也"。在作者看来，婆罗洲幅员数千里，比海南岛都要大，而且内地过去，水程不过数十更。且中国游民在婆罗洲已然很多，权力归于英国，工作则依赖华人。依照南洋其他地方的合约，也应由中国派设"理事之官"，以资约束。这明显是仿照新加坡设置领事的情形。最终的目的是"将来大局无非英人综其成，收其赋税而已，其余地上之利，大半必为华人所有"。并且兵船出洋，除了保护各地华民之外，还可以为中南半岛各国作声援。因此，作者认为"此事虽小，关凿中国大局，实非浅鲜"。

作者的建议不可谓不精到，虽然代表了一部分人的真知灼见，但并未引起清政府的重视。这个建议也是在 19 世纪后期有识之士请求在海外设置领事保护侨民的大背景下产生的。但是在新加坡的领事馆在 1891 年升为总领事馆，1893 年槟城也设立了副领事馆后，在北婆罗洲依然没有设立领事馆。可见，在清政府设立海外领事的考虑中，北婆罗洲的重要性是比较低的。

新加坡的中国领事胡璇泽在 1877 年 10 月份上任之前，《申报》刊登了一篇讨论新加坡和槟榔屿领事馆的文章。文章表示，这两地华人众多，一华商且表示无须建立中国领事馆，因为英国官员已对华人保护有加。提供给《申报》消息的人以为，当地华商因害怕中国领事馆贪婪而不想另设中国领事馆。[①] 在中国设置领事馆后，同年，英政府即在新加坡设立华民护卫司（Chinese Protectorate），由精通多种华人方言和习俗的毕麒麟（William A. Pickering）担任首任护卫官。英

①《畏设领事》，《申报》1877 年 4 月 19 日，第 2 版。

殖民政府在中国领事馆成立后即设立专门管理华人事务之部门，这时间点上的"巧合性"，值得进一步深研。

北婆罗洲设置中国领事馆的缘由，始于北洋政府派谢天保监督率领山东侨民来亚庇（Jesselton）开垦。北洋政府在1913年设立中华民国驻北婆罗洲总领事馆，以保护侨民，改命谢天保为首任总领事，驻亚庇。1929年，领事馆在商务辐辏之地的山打根设立办事处；1933年，北婆罗洲总领事馆迁往山打根。[①]

《申报》讲述在北婆罗洲设领事馆的理由，也倾向于从中国视角出发，表示这是系关中国大格局的政策。这篇《婆罗洲拟设华官佐治说》也透露了中国以"上国"的姿态俯视历史中的藩属国，表示这些地方"因番俗蠢陋沿习既久"，所以需要以中国法令治之。虽然如此，文章表示这无吞并之谋，只是为了"中国之体统也"。

19世纪西方殖民者到东南亚扩充殖民势力时，普遍是以"白人的负担"（white man's burden）这居高临下的视角来看待被殖民者的。光绪年间的中国，虽然经历了鸦片战争等的挫败，但这篇文章的书写正值洋务运动时期的19世纪80年代，作者对中国的政教还是有高度的自信，故在姿态上仍居高临下。当然，自顾不暇的中国无向外殖民的能力和野心，倒是有数百万的华人涌出境外寻找生计。

众所周知，除非亲自到异域，否则我们头脑中的异域都是由各种渠道传来的零碎信息所拼合而成的图像，更多属于异域的想象。而带给19世纪后期中国人异域想象的，更多的是报纸和传闻。当时能够接触到这些零碎信息的，则多为《申报》所能发行到的区域，这一区域有限，且买报纸阅读的为有文化的知识阶层。故而《申报》有关星

---

① 陈伟玉：《中国驻婆罗洲领事馆的设立及其职能之探讨（1913—1950）》，《亚洲文化》第32期，2008年6月，第196页。

马的新闻，就成为这一阶层建构星马印象的有效手段。

近代南下星马的华侨多为劳工，文化水平不高，无法通过文字来记载自己的活动，以供后人研究之用。因此中国早期对星马地区的认知，还停留在比较粗浅的阶段。魏源于1842年鸦片战争后所撰的《海国图志》，仅对马六甲和新加坡有所记载，但并未深入。他对英人"洞悉中国情形虚实，而中国反无一人了彼情伪，无一事师彼长技"[①]的现状大为叹息。不过很快，随着近代沿海口岸的开埠，清朝使节的出访，加上新加坡总领事和槟榔屿副领事的先后设立，国人对包括星马在内的海外诸国的了解越来越接近真实。这些信息通过《申报》等报纸、刊物进行传播，使中国有关星马的异域想象，也越来越清晰。当然，随着时代的变迁，国人对星马的认知也必定不断发生变化，这就有待新的信息来提供异域想象的素材。

与晚清使节和文人多路经星马，留下众多或详或略的记录相比，有关北婆罗洲的中文史料比较少。这源于婆罗洲既不在南海的交通要道上，在晚清时也未能吸引更多的华工南来，使得北婆罗洲的发展在1900年之前较为缓慢。为此英属北婆罗洲公司的管理者也极为焦虑。在获得英国政府的特许状时，明确规定在北婆罗洲不能使用奴隶，这就促使北婆罗洲公司迫不及待地要从中国吸引合同劳工南来。《申报》在这时候就扮演了这样的角色：在19世纪80年代初期，北婆罗洲渣打公司接管北婆罗洲，以及华特爵士制度性引进中国移民的这两年，转引或报道北婆罗洲的资讯，字里行间皆是物质丰富的南洋乐土。北婆罗洲渣打公司、华特爵士和《申报》之间是否有商业上的契约？这都是值得进一步探讨的问题。

---

① （清）魏源：《海国图志》卷六《东南亚海岸国四》，余定邦、黄重言等编：《中国古籍中有关新加坡马来西亚资料汇编》，北京：中华书局，2002年，第221页。

通过当时亲历者在《申报》上的言论，我们就可发现这一点。北婆罗洲幅员辽阔，人烟稀少，原始森林遍布，虽然时人对未来充满了期冀，但是现实仍令我们在百年后读起来，依然感到英属北婆罗洲公司早期的开发情况并不乐观。不过从另一个角度来看，正是早期开发的缓慢，才促使北婆罗洲公司对待中国移民比较友好，且严格按照合同规定展开工作。从这个意义上说，包括北婆罗洲在内的东马与西马相比，在19世纪就走上了不同的发展道路。这也是造成今天东、西马社会存在巨大差异的历史根源之一。

第六章　作为方法论的"会馆"

——时间与空间

　　自中国明代开始，会馆开始广泛建立，成为外乡人的同乡组织，这是中国传统籍贯观念的体现。著名史学家何炳棣先生认为"会馆是同乡人士在京师和其他异乡城市所建立，专为同乡停留聚会或推进业务的场所。狭义的会馆指同乡所公立的建筑，广义的会馆指同乡组织"①，指明了会馆的同籍贯特征。无论是通都大邑，还是边陲小镇，都可以看到外乡人集聚的现象。

　　"籍贯"是一个家族族群认定的某一时期的某一位祖先的出生地，或曾祖父及以上父系祖先的长久居住地或出生地。对于马来西亚华人来说，很多人都是在中国出生长大之后南渡，因此籍贯就带有出发时的时代色彩，不会随着中国行政区域的变化而更改。"籍贯"带有强烈的层次感，在不同的环境适用不同的层次，体现出一种地域上的"差序格局"观。"差序格局"指中国社会结构是以人伦为基石，以己为中心，推出与自己产生社会关系的人群。就像石子投入水中一般，愈推愈远，也愈推愈薄。被圈子的波纹所推及的就发生关系，每个人在不同时间、地点所动用的圈子也是不同的。② 在传统的亲属关系之外，

---

① 何炳棣：《中国会馆史论》，台北：学生书局，1966 年，第 11 页。

② 费孝通：《乡土中国·生育制度》，北京：北京大学出版社，1988 年，第 24 页。

同族、同乡、同姓、同窗，乃至门生故旧以及同业等都是重要的社会关系。"差序格局"超越规则的束缚和一切制度化的秩序，成为人们处理社会关系的根本准则。其中南来马来亚和婆罗洲的华人多数单枪匹马，最容易依据的认同层次就是建立在共同方言基础上的"同乡"。①由于方言群在语言和风俗上有诸多差异，在缺乏了解和无法沟通的情况下，他们以方言群为划分方式，组成各自的群体。②作为重要的地缘因素，建立在不同层次的"籍贯"观念上的"同乡"就成为人际交往和获取心理归属感的重要途径。③

　　作为重要的华人社团组织，会馆无论是过去，还是现在，都在华人社会生活中发挥着重要的作用。理解马来西亚华人社会，会馆就是重要的切入点。吴华先生在马来西亚华人会馆研究方面贡献卓著，笔者是在其著述的基础上，才窥得马来西亚华人会馆的研究门径，而本章就是笔者对马来西亚华人会馆研究的几点思考。

第一节　作为社群集聚的认同标准：会馆构成的区域差异——以槟榔屿广东暨汀州社群为例

　　海外华人社群的形塑，并无固定的规律可循。因为每个地区华人的祖籍地、移民经验等都大相径庭，由此就造成各地华人社群的形塑途径各不相同，具有相当明显的在地化的特色。这就需要学

①［澳］颜清湟：《新马华人社会史》，粟明鲜等译，北京：中国华侨出版公司，1991年，第148页。
② 马来西亚各地原本就没有华人的土著社会，没有既存的社会结构，所有人都是新进移民，因此个人自我的社群归属，是建立在方言上的。参见［新加坡］麦留芳：《方言群认同：早期星马华人的分类法则》，第108页。
③ "老乡认同"往往表现为情感归属，归属可为个体提供属于某一群体的心理安全感。情感归属最直接的就是对家乡方言的认同，这种方言所形成的内势群体偏好就是对优势方言的一种情感依附和社会认同。参见张海钟、姜永志：《中国人老乡观念的区域跨文化心理学解析》，《宁夏大学学报（哲学社会科学版）》2010年第1期。

者对所研究的区域做深入的调查和研究，方能躲开"板块化"的研究模式。我们可以从各地建立的"会馆"略窥各地不同的社群集聚的模式。此处以马来西亚华人比例最高的槟榔屿的广东暨汀州社群为例。

一、大埔与汀州永定的方言认同

大埔县位于岭南山脉东端，地处广东省东北部，居韩江中上游，全县除了高陂部分村庄讲潮州话外，都操客家话。嘉靖五年（1526）分饶平县的清远、滦州二都设立大埔县，治所在茶阳镇，属潮州府。1958 年大埔县才划归梅县地区管辖，正式与潮州脱离行政隶属关系。汀州府位于闽西，管辖有永定、上杭、长汀、连城、武平、宁化、清流、归化（明溪）八县（操客家话）。在英属槟榔屿地区，南来的大埔人依据原乡的地缘认同，与汀州永定人早早就建立了紧密的联系。道光八年（1828）槟榔屿广东暨汀州府诏安县买义冢山地，功德碑名单显示其各自按照中国的行政区划来捐款：汀州府题银八十一元，大埔县题银十五元。汀州府包括永定县。咸丰十年（1860）《广东省暨汀州众信士新建槟屿福德祠并义冢凉亭碑记》中，就出现了"永大馆捐银叁拾大元正"，此时汀州已经不见，有了"永大馆"（后来发展为"永大会馆"），顾名思义，永定人和大埔人已经联合起来成立地缘组织，可知南来汀州人主要是永定人。

在马来亚地区，永定人和大埔人联合起来成立地缘组织的，还有新加坡的丰永大会馆，是丰顺、永定、大埔三县组织。永定人与大埔人联系紧密，加上槟榔屿早期福建人主要指的是闽南人，闽南人排斥其他福建省籍人葬入福建公冢，故而行政上隶属于福建的汀州及漳州诏安客家人只能葬入广东暨汀州公冢，这种情况虽然在 19 世纪后期李丕耀掌福建公冢的时候按照福建省的行政区域做出修改①，但是直至1939年广东暨汀州公冢才拒绝了汀州人的葬入。

虽然有"永大馆"的组织，但是永定最早的结社组织是海珠屿大伯公庙的"永安社"。1947年10月10日，创立北马永定同乡会。早期南来的多是永定为主的汀州客家人，所以槟城汀州会馆实际上是被永定人所把持，而后虽然成立了北马永定同乡会，汀州会馆馆址依然是和永定同乡会在一起的。但是随着19世纪末从龙岩县来的"新客"增多，就成立新的组织，那就是槟城龙岩会馆。乍一看，龙岩会馆似乎是当今福建龙岩市的会馆，事实上，这里的龙岩指的应该是民国时期的龙岩县。

二、包括大埔人的韩江认同

在清代潮州九县中，大埔的地理环境最为恶劣，它地处粤东北和福建交界山区，偏僻难行，在潮州九县中的地位最低。加上大埔县绝大多数是操客家话者，使得这里对潮州府的认同并不十分强烈。道光八年（1828）槟榔屿广东暨汀州府诏安县买义冢山地，功德碑名单有：潮州府题银贰百卅四元。咸丰十年（1860）《广东省暨汀州众信士新建槟屿福德祠并义冢凉亭碑记》中，"潮州公司捐银陆拾大元正"，潮州公司和永大馆并列，可见早期潮州人的认同里是不包含大埔人的。但是1864年在潮州公司的基础上，许桡和、黄遇冬等先贤创立了韩江家庙。有地缘组织，为何还要创立家庙？根据已知的说法是"奉祀各邑列祖列宗，祭典岁凡再举，旨在'思源报本'而'承先启后'，

① 李丕耀与福建公冢的论述，可见［马来西亚］陈爱梅、孙源智：《福州寺院的南洋印记——福州佛教与马来亚华人社会关系探析》，《华侨华人文献学刊》（第六辑），北京：社会科学文献出版社，2018年，第91—112页。

图 6-1 槟城韩江家庙"九邑流芳"匾（2015 年 4 月 3 日，宋燕鹏摄）

借以'敦睦乡情'而'联络梓谊'，与中国一般家庙立场相同"。[1] 其实目的很明确，就是利用家庙的祖先崇拜信仰，以吸引和整合潮州地区的不同人群，涵盖当时潮州府下辖的九个县，即潮安、揭阳、普宁、澄海、潮阳、惠来、饶平、丰顺、大埔，正因此，如今韩江家庙的匾额有"九邑流芳"和"九美齐荣"。韩江家庙就名正言顺地把操客家话的大埔人纳入潮州人内。类似的有大山脚的韩江公会，以及怡保的韩江公会，就是包含大埔县在内的。

三、海珠屿大伯公：从地缘塑造客家认同

针对马来西亚的客家认同，半个多世纪以来，客家知识分子及近代的客家领袖和学者，进行了强有力的形塑工作。最为明显的，就是槟城海珠屿大伯公的"客家化"，由一个地缘组织悄然渐变成方言组织。[2]

大埔、永定、嘉应、惠州和增城，这五个会馆共同管理海珠屿大

---

① ［马来西亚］许崇知：《槟榔屿潮州会馆史略》，《南洋文摘》总第 55 期，1964 年，第 36—37 页。

② 相关论述，可见［马来西亚］陈爱梅《客家的建构和想象——以马来西亚槟城大伯公信仰和海陆丰社群为例》，《华侨华人文献学刊》（第四辑），北京：社会科学文献出版社，2017 年，第 133—149 页。

伯公庙。该庙属于五属，但除了一个总炉之外，各会馆各有自己神的香炉，在庆灯节时，各自清自己的炉，庆灯节也是各自举行。五个会馆各自都有祭拜大伯公的组织：嘉应会馆是嘉德社，惠州会馆是惠福社，永定会馆是永安社，大埔会馆是大安社，增龙会馆则是增龙社。来自五属的人，并非同一时间成立各自的大伯公祭祀组织，例如大埔、嘉应与永定的客家人是在"二战"前就已经成立祀奉大伯公的组织。反观惠州与增龙人，则是在"二战"之后才成立以大伯公为信仰中心的祭祀组织。这五个海珠屿客家祭祀团体，成立时间最早的是大安社，成立在19世纪末期，"以祷神祈福，共谋同乡团结为主旨"①。永安社："海珠屿大伯公威灵，保佑合境平安，经营生意者祈求事业顺利，特订每年农历正月初十日在大伯公神案前庆灯聚集，当众掷筊决定炉主一人，协理二人，任期为一年，下午一时设联欢宴会，本外埠邑人前来参加者，甚为踊跃。"②最晚的是增龙社，成立于1975年。对客家五属而言，除了大伯公生日一起祭祀外，其仪式仍是分开进行。③

历史中的海珠屿五属大伯公是地缘组织，如今已悄然变成了海珠屿客家五属大伯公，完全边缘化了不属于客家群体的部分海陆丰人，以及永定的闽南人。海珠屿五属大伯公的"客家化"表明，马来西亚的会馆原是地缘组织，但随着第一代移民的离世，在马来西亚出生及成长的二代移民对祖籍地没有记忆，会馆渐渐成为方言组织了。④

---

① 戴荔岩：《大安社史略》，《槟榔屿大埔同乡会三十周年纪念刊》，槟榔屿：槟榔屿大埔同乡会，1968年，第212页。

② ［马来西亚］胡育文：《永安社史略》，《槟州永定同乡会银禧纪念特刊》，槟榔屿：永定同乡会，1977年，第105页。

③ 张翰碧、张维安、利亮时：《神的信仰、人的关系与社会的组织：槟城海珠屿大伯公及其祭祀组织》，《全球客家研究》第3期，2014年11月。

④ 随着学者的研究逐渐深入，"五属"当下又回归到"五属"的地缘特性，不再强调"客家"的方言属性。

图 6-2 槟榔屿海珠屿五属大伯公庙
（2019 年 3 月 30 日，宋燕鹏摄）

四、五福书院广州府会馆：广州府社群集聚

广州府事实上有 14 县，但是"五福书院"自述只包括广州府 12 县，也就是排除了新宁县（宁阳县，后来的台山县）和新会县籍人。这两县在早期英属槟榔屿属于实力较强的两个县级社群。新宁县、新会县和惠州府、肇庆府联合起来组成义兴会，能够在 1860 年捐款名单上名列第一，而新宁县的宁阳馆捐款名列第二，新宁人伍氏兄弟单独又捐款，这个后来被视为私会党的组织在当时风头无两。相比之下，广州府其他 12 县，除了后来增城人郑景贵崛起带领五福书院外，并未涌现太多有实力的领袖。所以当时的 12 县，有 8 个县或是单独或是联合，都成立了自己的地缘组织。只有花县、三水还未成立会馆。新宁（台山）和新会人没有参加广州府会馆的情况，并没有一直持续。因为如今槟城新会会馆主席钟卓佃兼任广州府会馆理事，但是新会人何时参加则有待进一步考察。

五、肇庆府的认同

广东省肇庆府共有 16 县，即高要、四会、新兴、高明、鹤山、开平、恩平、广宁、封川、云浮、开建、郁南、罗定、德庆、阳春、阳江。肇庆府会馆究竟创自何年，因年代久远，无可稽考。又因日本南侵，首陷槟屿，执事者为免招麻烦，而尽将历年之档案记录付之一炬。是故会馆初期之人文史迹，无从考究。据本屿广东暨汀州第一公冢之福德祠并义冢凉亭碑记内刻有"肇庆会馆捐银壹拾伍元正"之字，时为清咸丰十年。由此证明肇庆府同乡远在公元 1860 年已有互相联络，集体活动。又据在第一公冢之肇庆府总坟碑刻明"同治四年重修"。此又证明肇庆府同乡在 1865 年以前就建立总坟，祭慰先贤。肇庆府下属县份南来比较多的，可以从现有县份会馆看出。下属县份会馆有：鹤山会馆、会宁会馆、高要会馆和新兴云浮会馆。

六、海南会馆及海南认同

琼州是如今的海南岛，孤立于广东省外，方言上海南话自成一派，构成五大方言之一。海南人南来槟榔屿时间很早，槟城海南会馆位于槟城南华院街（旧称新海南公司街）。根据史料，海南人约于 1866 年前由海南岛乘船南来，在槟城落脚；在义兴街海记栈对面，租屋设馆供奉天后圣母（海南话叫"婆祖"）。1895 年买下现今馆址地段，兴建馆宇。海南先贤于 1925 年开办益华学校。天后宫于 1997 年完成重修。今天我们看到的海南会馆、天后宫和益华学校连成一体，见证了海南先贤的远见和对社群的贡献。在海南人内部，万宁人和琼乐人又有槟榔屿万宁同乡会和北马琼乐同乡会①等组织。

---

① 符大荣：《北马琼乐同乡会史略》，《马来西亚琼乐会馆联合会成立特刊》，1988 年，第 104 页。

以上所述展示了槟榔屿广东暨汀州社群的内部认同层次，有地缘认同，有方言认同，有地缘和方言的混合认同。从地缘会馆的组合模式，可以略窥得槟榔屿广东暨汀州社群的内部情况。再以马六甲广东社群为例。

表 6-1 1936 年马六甲的广东籍会馆名单（依建立时间排列）

州府会馆	联县会馆	县级会馆	建立年份
惠州会馆	——	——	1805
——	——	茶阳会馆	1805
应和会馆	——	——	1821
潮州会馆	——	——	1822
——	——	宁阳会馆	1825
——	增龙会馆	——	1825
肇府会馆	——	——	1861
琼州会馆	——	——	1869
——	冈州会馆	——	1891
——	五邑会馆	——	1898
雷州会馆	——	——	1898
——	——	三水会馆	1918
——	——	万宁社	1926
——	东安博会馆	——	1930

很明显，马六甲的大埔人单独建立了茶阳会馆。相比槟榔屿广州府县份社群的人数较多并纷纷单独成立县份会馆，马六甲的南海、番禺、顺德、中山、东莞五个县组合成"五邑会馆"，而东莞又同宝安和惠州的博罗县组合成"东安博会馆"。通过每个地区的地缘会馆，我们

大概可以了解此地华人社群内部的组成，由此又可以发现每个地区都各不相同，对当地华人社群的形塑起到了决定性的作用。

第二节　社会关系的演变：时间里的会馆——以 20 世纪 30 年代雪兰莪福建会馆为例

马来西亚的华人会馆，规模大大小小，不一而足。但是论在地的社会功能，虽然看起来大同小异，但是细究起来，却也各有千秋。比如，雪兰莪福建会馆管理吉隆坡福建义山和威镇宫观音寺，雪隆海南会馆和天后宫二位一体，雪隆数个广东籍会馆联合起来组成广东义山理事会，管理吉隆坡广东义山，等等。每个会馆并非离群索居，会馆与其他会馆等社会组织之间多多少少都会产生联系，尤其是在重大事项来临时，华人会馆之间的联系就更为紧密了。19 世纪早期地缘会馆担负着为同乡"新客"提供住宿和寻找工作机会的功能，甚至如茶阳会馆还设置有回春馆为同乡治病。随着时代的发展，地缘会馆的社会关系开始变得更为复杂且多样化。20 世纪"二战"前后华人会馆对中国事务的关注广为人知。以下即以雪兰莪福建会馆在 20 世纪 30 年代的情况为例，来说明某一特定历史时期华人会馆的社会功能。

一、关注中国国内时局

雪兰莪福建会馆的领袖，多是由福建南来的第一代华人，与祖籍地有千丝万缕的联系，因此对于福建的时局非常关注，尤其关注福建的政局和建设。1932 年 10 月 29 日，总理洪启读发言："新嘉坡马来亚闽侨联合会筹备处来函，略谓吾闽自蒋、蔡二公驻节以来，举凡庶政皆有澄清之希望，土匪益有肃清之可能，地方善后千头万端必须民众与政府打通一气，兴革问题诸多待决，拟由该筹备处召集代表大会，以便归纳众意作为具体方案呈请政府采纳施行，应否召集大会，请为答覆。"和先君提议云：吾闽侨救乡之工作在昔日未有时机，尚能牺牲物质精神努力为之，今十九路军入驻吾闽，可谓闽人绝好之机会，地方庶政百待兴革，弟极赞成该筹备处所召集之代表大会。"主席付表决通过，又关于 20 元之补助费议决照付。[①]

1933 年 11 月 27 日，会馆董事联名函称"……近且发生闽省独立，另组政府，恐将来中央军南下裁乱，人民罹祸更惨不聊生，请召集紧急会议广征众意共商挽取之策。或能化解戾气为祥霭"。决议电闽当局，请其取消独立政府，拥护中央。另电广州总指挥陈济棠，请其设法制止。[②]

1936 年 6 月 12 日，"年来祖国国难方深，不看再有内战，今两粤借故出兵，恐将贻误大局，应有本会馆分电广东陈总司令、广西李、白总副司令请其服从中央，奠安邦国"。分拍电报广东、广西各一通。[③]

二、关注福建本地公益

1935 年 8 月 17 日，闽南各县水灾异常严重，"屋宇坍塌，田园冲毁，生命财产损失至巨，受灾难民望救孔殷，而日昨新嘉坡福建会馆亦来函请急速筹款，故此本会馆特召集此会共同研讨。决议：1. 组织筹赈会：定名吉隆坡雪兰莪福建会馆筹赈闽南水灾委员会；2. 职员：主席 黄重吉君……3. 汇款机关：请福建省政府主席转闽南再去分别闽南各县灾情轻重施赈；4、推洪进聪、黄重吉等七君负责向本坡华侨银行先垫国币五千元，电汇急赈，此款待向各慈善家募集后清还"。[④]

①《雪兰莪福建会馆会议簿》(1930—1932)，第 196—197。
②《雪兰莪福建会馆会议簿》(1932—1934)，第 147—148 页。
③《雪兰莪福建会馆会议簿》(1932—1934)，第 157 页。
④《雪兰莪福建会馆会议簿》(1934—1937)，第 90 页。

1937 年 5 月 24 日，副会长杨兆琰函请代呈福建省主席饬令仙游县政府按月拨助仙游红十字会产科医院经费一百元，暨令省卫生科代为物色产科女医师一名，以资发展。决议：照案通过，由本会馆转呈福建省主席核办。[1]

三、与本地其他社团的关系

1930 年 4 月 29 日，"马六甲闽侨各会馆联合会来函，备述关于呈请中央政府遴简华侨加入闽省委员会及划闽南为自治区两案，请同作一致进行，以增力量事"。决议："先函覆该联合会，至呈请中央国府电暂缓办。"[2]1937 年 9 月 27 日，"霹雳福建公会来函请通同设法马（？）闽汇兑办法案"。决议："由本会馆召集本埠汇兑商资讯办法，并呈请福建省政府饬属保护内地各属之民信局，以免因时局影响致妨侨胞之寄款。"[3]1934 年 8 月 23 日，"新嘉坡河水山一带此次惨遭火灾，侨胞流离失所，厥状殊惨。新嘉坡已有纷纷救济，外埠亦多捐款赞助。"议决："本会馆捐助二百元，交新嘉坡福建会馆救济河水山火灾委员会代为施赈。"[4]其他福建籍会馆亦会请福建会馆出面摆平事件。1930 年 6 月 30 日，"安溪会馆许志雄来函为叶渊因许案受押法院，请本会馆电厦法院请愿。"决议："致电不及具函之为愈，且备函事事能说明清晰，免词意莫达之弊。"[5]1934 年 11 月 1 日，"巴生坡闽南公所致函，请为设法营救巴生港口同乡庄市。前年庄生携眷南来住巴生港口，与印尼人比邻而居，不料其妻与印人私爱，印人竟将市妻强占，突于数

① 《雪兰莪福建会馆会议簿》（1934—1937），第 197 页。
② 《雪兰莪福建会馆会议簿》（1930—1932），第 36 页。
③ 《雪兰莪福建会馆会议簿》（1937—1941），第 17 页。
④ 《雪兰莪福建会馆会议簿》（1934—1937），第 26 页。
⑤ 《雪兰莪福建会馆会议簿》（1930—1932），第 40 页。

月前不知因何事故，妻被刺殒命。经法庭审讯数堂，遂将市判决死刑。同人等不揣冒渎，恳同乡列位先生召集紧急会议。"议决："会馆调查事实后，于法力所能逮可营救，当设法援助之。"①

四、调解华人民事纠纷

早期地缘性社团也负起进行仲裁的司法性任务，这与中国传统乡村民间调解制度一脉相承。乡民之间发生纠纷，往往寻找乡里有声望的士绅来进行仲裁，轻易并不去县衙打官司。而马来西亚的地缘性社团的领导人，主要是德高望重的社会闻人，拥有很高的公信力，受到乡亲的信任。因此，会员与会员之间，会员与非会员以及与其他籍贯华人之间的民事纠纷，不少案件都是由社团领袖来共同进行调解和仲裁，即闽南话"做公亲"。这种情况，从马六甲青云亭到雪兰莪福建会馆概莫能外。马来亚的英殖民当局在早期懂华语的人很少，所以交由华人甲必丹自治，到后来又乐得由华人自己调停纠纷，可以减少法庭工作。因此华民护卫司经常把福建籍华人的纠纷转到福建会馆来调解。

华民政务司来函专门请福建会馆协同判决案件。②华民政务司亦按照会馆的汇报来判决。1930年1月7日，颜垂涛与刘国远发生纠葛，请会馆为之调解。会馆即举六人调解。③

五、执行华民护卫司及其他政府部门之政令

1930年12月13日，总理洪启读报告去月十日承华署委办黄番之工友工银事。"本会馆接到华署来函，即登报通告黄番之各工友到本会

①《雪兰莪福建会馆会议簿》(1934—1937)，第33页。
②《雪兰莪福建会馆会议簿》(1932—1934)，第53页。
③《雪兰莪福建会馆会议簿》(1930—1932)，第6页。

馆领取，并由弟请叶养骞、颜潒祜、侯乌磷、陈云祯等君为监视员，于每逢星期一、星期六到本会馆监视分发，至本月十日结束手续尚余十一条未到领计银一百四十一元二角正，经弟将余存之款项缴回华署，已告完结。"[1]此时会馆还接受华民护卫司的委托，监管南天宫（九皇爷庙），并且有权检查其账目，对其还款收据及戏金收条也可以提出催缴。[2]

福建会馆还接受市政当局的其他指令。1931年10月5日，"山知礼勿[3]来函谓本会馆暗邦街门牌九十七号店屋楼板窗户等多有损坏，限三星期修理完竣等"。决议："店屋既须修整，虽经济匮乏亦应设法"，"请总理履堪后，雇工办理"。[4]

六、宗教功能——管理威镇宫

华人南来漂洋过海，他们都随身携带原乡祭拜的神明，以祈求平安到达目的地。抵达目的地后，便建简陋的庙宇供奉神明，定期祭拜。威镇宫观音寺就是福建会馆下辖的主要寺庙。1898年之前，雪兰莪福建会馆董事会出钱出力，尤其三位先贤叶蔚松、叶城及叶岱南拨出巨款资助，把威镇宫建立起来。接着回国迎接释迦牟尼佛等神像前来本寺，从此威镇宫成为吉隆坡各籍贯华人膜拜神明的地方，不限于福建人。基于福建会馆和福建人的要求，英殖民当局于1919年3月15日发布政府通告：这座庙宇是福建人的寺庙，由雪兰莪福建会馆管理。[5]

---

① 《雪兰莪福建会馆会议簿》（1930—1932），第63页。

② 《雪兰莪福建会馆会议簿》（1930—1932），第32页。

③ Sanitary Board，即卫生委员会，但当时译为洁净局。吉隆坡卫生委员会成立于1890年，第一次会议在6月4日召开。早期业务仅与卫生问题有关，直到市街发展愈来愈复杂，委员会的管理开始纳入人口、建筑、经济，乃至未来的都市规划等事项。参阅张集强《英参政时期的吉隆坡》，吉隆坡：大将出版社，2007年，第103—131页。

④ 《雪兰莪福建会馆会议簿》（1930—1932），第116页。

⑤ 《吉隆坡威镇宫观音寺沿革》，《雪兰莪暨吉隆坡福建会馆125周年纪念特刊》，2010年，第145页。

威镇宫租给广通和尚，在1930年时欠租已四年，会馆多次派员催缴。1931年7月11日，因广通和尚常住槟城，由黄鹤汀带会馆专函面洽，如仍置不理，即可由法律追还。[1] 以后还有陆续催缴。[2]

1937年3月29日，"赵鹏金女士来函，请准予其父赵赐爵木主神位免费移祀法主公宫案"。决议："查赵赐爵生前于本会馆卓著勋绩，交付修筑威镇宫专员刘国远、黄和先、戴文郁、叶养骞、林世吟向该宫主持洽商，以便其家属移祀，用彰勋劳。"[3]

七、对学校、医院的捐助

各个方言群地缘性会馆的一个重要功能是兴学办教，起先是以设在祠堂、庙宇或会馆内的私塾为主，而后因清政府1905年废除科举改设新式学校，海外的华校也都改为新式学校。自辛亥革命前后，这股潮流席卷了整个马来半岛。在20世纪上半叶，吉隆坡文良港一带华裔居民日众，适龄入学儿童日渐增加，当地关心民族教育的福建侨领叶养骞、黄重吉、洪启读和陈炳坤等诸先生，乃集议在当地创办一所学校，登高一呼即获得热烈响应及支持。几经筹划及筹款后，学校终于在1919年3月21日宣告诞生，命名为"中华学校"。首任董事会总理是叶养骞，司理是黄重吉。二位亦皆是福建会馆的董事。1939年成功组建中学部。改名为"雪兰莪中华中小学校"。[4]

中华女校创于1925年，校舍最早位于秋吉律，只占两间店铺，学生不满百人，初具规模而已。当年校董会包括洪进聪、洪启读、黄振秀、黄重吉、叶养骞、陈仁埙、林世邦、林世玲、颜滂祐、戴文郁

---

①《雪兰莪福建会馆会议簿》（1930—1932），第96页。

②《雪兰莪福建会馆会议簿》（1930—1932），第130、159页。

③《雪兰莪福建会馆会议簿》（1934—1937），第194页。

④《中华史略》，《吉隆坡中华独立中学85周年校庆特刊》，2005年，第14页。

等，亦多是当时福建会馆的主要负责人。由于董事部与教员们协调无间，办学认真，使本校得以迅速发展，数年后人数倍增，共开五班。[1]

在亲自办校之外，会馆对其他教育事业也极为热心。1930 年 6 月 30 日，中华夜学校董事部函请会馆将现建筑新馆宇拨借一隅为该校教室。决议："中华夜学校原为培植许多欲受教育之青年而设，以建设而论同属社会事业，俱未公益，且其来函又非固定借用，不过以经费问题，土产崩溃，无法维持，固有向本会馆借用之举，若商况有转机，该董事部亦自欲另行设法迁出。"[2] 会馆附加四个条件同意借出。

1936 年 6 月 12 日，雪兰莪中华总商会为宋溪葫芦麻风院募捐戏院建筑费，决议："关于此事自有各大慈善家巨量捐输，本会馆可拨助拾元，聊表赞成之意。"[3]

八、丧葬功能——义山

除了上述功能外，福建会馆最重要的功能是丧葬。早期福建人和其他华人一样，怀揣着赚钱改善生活的目的南来，但无论赚钱与否，绝大多数都客死异乡。于是马来西亚各地地缘性会馆都会向政府申请义山，作为同乡身后的葬地。雪兰莪福建会馆也不例外。会馆现有两个义山，皆坐落在吉隆坡联邦直辖区，一处是有超过百年历史的旧飞机场路福建义山，另一处是 20 世纪 80 年代开辟的新街场路福建义山。

旧义山何时成为福建人的葬地已不可考，但吉隆坡开埠的时间一般认为是 1857 年，福建人大量涌入之后，集中入葬才有可能。在义山有一大伯公庙，神台前悬一对联，时间为光绪辛丑年，即 1901 年。

---

[1]《中华女校简史》，《吉隆坡中华女校七十周年纪念特刊》，1995 年，第 15 页；亦见《吉隆坡中华女校国民型华文小学八十周年纪念暨二〇〇五年第六十五届毕业特刊》，2005 年，第 22 页。
[2]《雪兰莪福建会馆会议簿》（1930—1932），第 41 页。
[3]《雪兰莪福建会馆会议簿》（1934—1937），第 154 页。

因此就义山现有的调查来看，最早的墓碑是 1873 年，但可能是迁葬过来的。[①] 故而认定福建义山的自发形成是在 1900 年之前，或者福建会馆创建的 1885 年左右，当不为过。旧义山当初远离市区，直至 1920 年 1 月 16 日，英殖民地政府才根据 1911 年土地法令在宪报 504 号上公布，保留此地作为坟场的用途。[②] 福建义山能够由福建会馆单独管理，缘于其管理层多为永春人。雪兰莪永春会馆 1892 年成立，原名"永春公司"，1922 年方易名永春会馆。1930 年福建会馆主席陈日墙是永春籍，同时他又是永春会馆的主席，且永春籍乡贤占据了福建会馆半数以上的董事席位。当时福建省籍的其他地缘性会馆多未建立 [③]，说明其他福建籍人数和实力远低于永春籍。福建会馆独自管理福建义山，也就在意料之中了。这种单独管理的模式一直持续到今天。义山坟地等级，按照大小可以分为特种和甲乙丙丁戊己七个。大小和地价依次有差异，尤其为照顾贫穷家庭，最低等级的己类葬地蠲免费用，并且在 1939 年 11 月 2 日，决议对贫穷小孩死亡，也准予免费，掘坟费由总务酌量补贴。[④] 此点体现出了义山的"义"的一面。

不言而喻，在不同的历史时期，华人会馆的社会功能和关系都会发生或多或少的变化。早期华人会馆主要是面向方言群内部，协调华人事务，并且代表了方言群和地域社群的主要利益，使之成为华人社群的代表。因为华人会馆的影响力，英殖民政府通常视会馆领袖为华人社会代言人，使其充当政府和华人民间社会的桥梁，且乐于赋予会馆及其领袖仲裁之类的自治权力，以协助政府维持华人社会内部的安

---

① 此为 2013 年 7 月马来亚大学林德顺博士调查小组所获得的数据。
②《福建义山沿革》，《雪兰莪暨吉隆坡福建会馆 125 周年纪念特刊》，2010 年，第 158 页。
③ 其他"二战"以前吉隆坡的福建籍会馆创会时间分别为：福州会馆（1912）、龙岩会馆（1918）、安溪会馆（1929）、南安会馆（1939）。
④《雪兰莪福建会馆会议簿》（1937—1941），第 123 页。

定与秩序。可以这么说，会馆曾经是华人社会的枢纽，各个华人方言群体的"自成一格"以及群体与群体之间的分合聚散，皆由此生发。面对重大历史事件，如1949年中国的政权鼎革，1957年马来亚独立，等等，每个华人会馆都无法置身事外，必须做出符合自己利益的反应。我们看当代华人会馆，不能忘记过去百多年它们自身的发展轨迹。在过去的一两百年间，通过华人会馆的社会关系的构建，也确立了今日马来西亚华人社会的雏形。

第三节　作为公共的场域：空间里的会馆

会馆一定有会所，无论最初是亚达屋还是租借房屋，最后总要在有财力之后，建造独立的建筑物，然后将底层出租，以租金来维持会馆的日常开支。所以那些历史悠久的地缘会馆，往往有丰厚的产业，这成为华人会馆的一大特色。会馆的空间，带给不同身份的人不同的意义，也就是说，会馆给每个人传递了不同的信息。

一、社会地位的象征：会馆大字的题写

匾额对联是会馆重要的历史记录，尤其是落款，往往体现出该会馆的社会网络，也彰显出会馆努力结交社会名流，以提高会馆在本地的社会地位的努力。著名的如新山琼州会馆，落款是中国国民党大佬宋子文，能够使人联想到宋子文是海南文昌人，与新山海南人的关系走得很近。

槟城台山宁阳会馆，会馆门口写有"民国元年壬子重修"，"子砺陈伯陶"，陈伯陶（1854—1930），字子砺，号象华，又号九龙真逸，广东东莞人。6岁拜陈澧为师，10岁通读五经，后就读于罗浮山酥醪别院。光绪元年（1875）中秀才，光绪五年（1879），获乡试第一名

172

图 6-3　槟城台山宁阳会馆（2017 年 4 月 1 日，宋燕鹏摄）

（解元），光绪十八年（1892）壬辰科刘福姚榜进士第三人。官至江宁提学使署江宁布政使。[1] 虽然他不是台山人，但是可以想见在广东省还是很有影响的，所以才会请他书写会馆名。

槟城顺德会馆始建于 1838 年，大门门楣上的"顺德会馆"四个大字是民国十七年（1928）重建时，将罗家勤所书重刻的。罗家勤（？—1891）为广东顺德人，道光三十年（1850）进士，官刑部主事。工书法，曾为羊城书院、顺德凤山书院院长数十年，培养了一大批人才。[2] 罗家勤兄弟和众子皆为一时俊才，罗氏也成为顺德望族。因此槟城顺德会馆请这位乡贤题写会馆门楣大字。

① 东莞市地方志编纂办公室编：《东莞人物录》第 1 辑，1988 年，第 71—72 页。
② 顺德市博物馆编：《顺德书画人物录》，中山大学出版社，2001 年，第 71 页。

图 6-4 槟城新会会馆志贺牌匾（2017 年 1 月 3 日，宋燕鹏摄）

二、关系网络的体现：志贺牌匾

屹立在槟城乔治市，古色古香的新会会馆是槟城最古老的会馆之一。新会，古称冈州。不过，冈州之名只出现在中国隋唐时期。虽然如此，今天海外的新会会馆，又以冈州会馆，或古冈州会馆命名。1960 年马来西亚古冈州六邑联合会成立，六邑指新会、台山、开平、恩平、鹤山和赤溪。根据马来西亚古冈州六邑联合会 1998 年赠送槟城新会会馆的匾额落款，该联合会的成员有：

　　吡叻古冈州公会，宋溪古冈州会馆，端洛古冈州公会，拿乞古冈州公会，吡叻赤溪会馆，和丰古冈州会馆，安顺古冈州会馆，金宝古冈州会馆，美罗古冈州公会，华都牙也古冈州会馆，太平古冈州会馆，丹绒马林古冈州公会，槟城台山宁阳会馆，雪兰莪冈州会馆，雪兰莪台山会馆，雪兰莪鹤山会馆，吉隆坡赤溪会馆，槟城开平会馆，马六甲宁阳会馆，马六甲冈州公会，森美兰台山会馆，森美兰四邑会馆，彭亨古冈州会馆，柔佛古来鹤山会馆，任罗宏古冈州会馆，马口古冈州会馆。

基本上马来西亚与古冈州有关的会馆都送了匾额，但是也有个别的没有送。这说明了会馆与同乡会馆的关系网络。

三、会馆的自我认知：墙壁上的历史

对于会馆后人和外人来说，只看美轮美奂的建筑物，无法了解会馆的悠久历史，因此会馆自己书写的历史，如贴到墙壁上的会馆史，是了解会馆历史的重要资料，因为这是会馆自身认知的体现。

据《清史稿》，广州府下辖 14 县，依此是南海、番禺、顺德、花县、东莞、从化、龙门、新宁、增城、香山、新会、三水、清远、新安。在 1828 年的时候只有 9 个县的社群在槟榔屿有一定规模。在 1860 年的时候，一些县份地缘组织就建立起来了。咸丰十年（1860）时的《广东省暨汀州众信士新建槟屿福德祠并义冢凉亭碑记》，列有广州府下辖县份地缘组织的名字，摘录如下：

宁阳馆捐银式佰大元正

仁胜馆捐银叁拾大元正

从清馆捐银叁拾大元正

伍积贺捐银叁拾大元正

伍积齐捐银叁拾大元正

冈州馆捐银式拾大元正

南海馆捐银式拾大元正

顺德馆捐银式拾大元正

香邑馆捐银壹拾五元正

番禺馆捐银壹拾大元正

东安馆捐银壹拾大元正

五福堂捐银壹拾大元正

宁阳馆就是新宁县（后来的台山县）的籍贯组织，实力强大，捐银"贰佰"，名列第二，仅次于义兴馆。义兴馆就是义兴公司，虽说是由四县府（新宁县、新会县、惠州府、肇庆府）人组成，然而大权几乎全操在新宁人手上。[1] 仁胜馆是增城龙门人的地缘组织，1801年就在嘉应会馆旁边建立了。从清馆是从化和清远县籍的联合组织。冈州是隋朝新会郡改名之后的旧称，治所在今新会县。所以冈州馆是新会人为主的地缘组织，包含新会、台山、开平、恩平、鹤山、赤溪六邑。而伍积贺和伍积齐是新宁人[2]，也单独捐款。南海、顺德、香山（香邑）也都成立了自己的地缘组织，东安馆是东莞和新安县籍的联合组织。

上述碑刻有"五福堂"，就是后来的"五福书院"，广州府人联合起来将之作为会所。槟城五福书院广州府会馆的大厅墙壁上，有手写的会馆历史：

> 槟城"五福书院"之名称，沿自中国，在中国内地之通都大邑皆有"五福书院"之建立，尤其是赴北京应试路经之都邑，书院是粤籍人士旅居该地者所建，大抵以该地粤人居多，乃建斯院以资联络，同时为同乡谋福利，举凡流落该地而无亲友照顾者，使有暂栖之所。昔年赴京应试之广东士子，多由陆路动程，途中常寄寓于乡郊区之寺刹，及至通都大邑则寄寓于同乡建立之"五福书院"，使得暂居兼攻读场所，以俟试期，书院之称，迨由于此。其间有经济充裕者，则延聘乡间医士驻院，以利同乡兼济当地贫病，恒作赠医施药之举。
>
> 槟城自一七八六年英人莱特氏开辟之后，华人社团之最

① 古冈州六邑总会特刊委员会编：《马来西亚古冈州六邑总会特刊》，槟城：庇能台山宁阳会馆，1964年，第68页。
② 此点为陈剑虹先生提示，谨致谢忱。

图 6-5　槟城五福书院广州府会馆（2017 年 4 月 1 日，宋燕鹏摄）

早成立是广东公司（即现时之广东汀州会馆），成立于嘉庆元年（一七九六年），次为仁和公司，亦称嘉应馆（即现时之嘉应会馆）与谢氏宗祠。两者皆成立于嘉庆六年（一八〇一年），再次便是槟城五福书院。成立于嘉庆廿四年（一八一九年）与莱佛士开辟新加坡同时，它原来的地址是现在义兴街那所古色古香的"慎之家塾"。（按：慎之是郑景贵之别字⋯⋯）槟城五福书院当年是广东省广州府之南海、番禺、东莞、顺德、中山、清远、三水、龙门、从化、增城、宝安、花县十二县人士所组设，其宗旨以联络乡情，共谋福利为主。而十二县皆可各别假此书院召集其同县人士会议，商议本县庆灯及春秋祭等事务。因当年十二县中，能独立自建会馆者不多，故其未建会所者必假五福书院为集会场所。迨至一八九五年间，院址为业主郑慎之索回以兴建家塾，乃自动捐献其在牛干冬街（即现在之院址）地皮一块，同时贷予巨款，并任总理以主持新院宇之建筑工程，迄光绪廿四年（一八九八年）乃告落成。①

四、会馆历史的日常：档案存放处

1. 会馆（社团）会议纪要

会馆中最重要的中文史料是会议纪要。会议纪要为研究者提供了非常好的研究资料。会馆纪要记录的重点有如下几个：

（1）参加者。每次会议并非董事全部出席，总有一些董事经常出席，有些就不怎么出席，分析这些董事的籍贯和职业，就可以看出会馆决策者的倾向性。

（2）汇报上次会议决策之后的执行情况。

（3）讨论重要议题。每次开会都会有主题，通过这些主题可以发现会馆在历史演变过程中，如何应对重大历史事件。

（4）临时动议。平时会馆董事不开会，日常信件往来交由秘书来处理，每次开会秘书都把问题提交董事会议进行讨论，并做出决议。

2. 会馆其他档案

马来西亚华人会馆的中文史料，还有另一重要部分，就是会馆档案。这些档案主要包括下面几类：

（1）与各级政府的电报、函件

早期的档案显示，会馆经常与中国各级政府联系。这些档案包括与中央政府部委的函件、与福建省政府的函件，甚至还有与广东省

---

① 庞鹤芝：《五福堂广州府会馆史话》，槟城五福堂广州府会馆存。

政府的电报。南来第一代华人多与中国原乡有千丝万缕的联系，故而类似的函件所在多有。而现存的华人会馆与本地政府的来往函件，以1900年以后的华民护卫司为主。

（2）赈灾救济的记录

中国每次发生重大的灾害，海外华侨都会自发组织捐款，马来亚和婆罗洲地区华侨亦概莫能外。这从清末就已经开始。捐款记录就成为我们了解会馆活动的很好的史料。七七事变之后，组织抗战的募捐活动就成为非常重要的会馆活动。募捐支持中国抗战，在当时是非常自豪的一件事，每次募捐都会有募捐册。比如中国国家图书馆就保存有柔佛州麻坡华人的抗日募捐记录册，给历史学者研究当时的马来半岛的抗日募捐提供了非常好的资料。而对本地灾害的赈灾救济，也保存有名册。且对本地医院、学校的建设，会馆也会加以支持。这些都造册保存。

（3）与社团的来往函件

与其他社团的来往函件，包括与本地中华大会堂的来往函件，与学校、医院等公益组织的函件。

（4）财务档案

会馆的年度财务报告，都会作为档案保存，以备查阅。其中还包括出租房屋的证明，收取租金的收据，等等。

五、慎终追远的场域：神主牌

在新马地区历史悠久的地缘会馆，经常供奉很多年代久远的神主牌。神主，为古代东方社会，尤其儒家文化所影响的区域，于祭祀之时用以代表祭祀对象的象征物，一般为木质或石质柱状物、牌状物，大多于其上题写或刻出受祭者名号，一般有特定形制与礼仪制度。原本神主是帝王贵族祭祀所用，在宋代以后逐渐进入民间，宗族祠堂是

图 6-6 笔者在槟城新会会馆研究神主牌（2017 年 1 月 3 日，陈爱梅摄）

图 6-7 新山海南会馆 2019 年春祭仪式（2019 年 4 月 27 日，宋燕鹏摄）

神主的主要供奉场所。产生于明代中国的会馆，除了供奉神明之外，并无供奉神主的制度和传统。在中国地方有宗族可以依赖，有宗祠可以慎终追远，但是在东南亚，大量孤身南来的华人没有了宗族和宗祠的凝聚力，多数在地缘会馆里寻求组织的依靠。因此早期地方上的华人公司或会馆模拟成宗祠，在馆内将当地故去的成员的神主供奉祭祀，这成为东南亚华人会馆的特征。密密麻麻的神主，代表了社群的群体意识，也是凝聚社群的有效方式。每年在会馆举行的春秋二祭，也是维系社群意识的重要方式。

六、仪式的举行：会馆的礼仪化

会馆不仅是开会的场所，也是举行各种仪式的场所。会员授勋，会馆会出面举行庆祝活动，或者在报纸上刊登祝贺。会员子女领取奖励金，会在会馆举行颁发仪式。会员子女获取学位，有的会馆也会举行庆祝活动。春、秋二祭的仪式，不少会馆也会举行。会馆成为各种仪式的举办地，所代表的是一种乡里的荣耀。

美轮美奂的建筑物，为会馆提供了一个空间，会员走进大厅，通过墙壁上的照片，可以缅怀有功劳的会馆各位先贤；通过墙壁上的重修碑刻，可以不断熟悉那些为会馆出钱出力的各位先贤的名字；通过墙壁上的历史叙述，可以培养年轻人热爱会馆的念头；供奉神主牌，可以为同乡提供精神寄托。会馆作为一个特殊的场域，给不同的人带来不同的感受。会馆，是表达社群认同和形塑社群意识的空间。

笔者曾在马来西亚居住一年多，回到中国也已经八年了。笔者每次重返马来西亚，必到会馆，有的是初访，更多的是旧地重游。这一章，是总结近年来对马来西亚华人会馆观察及研究的心得，尝试从多视角研究马来西亚的会馆，例如题字和神主牌研究等，都是学界较少系统性关注的。当然，本章没有讨论的，还有英殖民政府档案中的会馆资料，档案学是非常专业的学问，恰恰也是以中文研究马来西亚会馆者甚少注意的部分。这部分还是等待有志者进行更多的研究吧。

华人地缘会馆从来不是平面的，而是立体且复杂的。从槟榔屿广东暨汀州社群的内部组成，我们可以发现会馆构成的区域差异相当明显。这也是马来西亚各地华人社会千差万别的主要来源。在不同历史时期，会馆面临不同的重大历史事件，会有不同的反应，这是会馆社会关系演变的重要内容。从大字的题写、志贺匾额，再到墙壁上的历史、档案存放，以及神主牌的供奉，会馆建构出了一个特定的实体空间，不同的活动，不同的陈设，带给每个看到的人不同的精神上的感受。

华人建立的地缘会馆，无论历史悠久的，还是新成立的，所代表的都是一个群体的集体记忆和想法，凝聚的是一部分特定的华人人群。穿越历史时空的会馆，见证了重大的历史时刻，也做出了自己的反应。而新成立的地缘会馆，虽然没有见证过重大历史事件，也没有光荣的过去可以骄傲，但也担负起凝聚社群，建构集体历史记忆的重任。会馆从来都不是一个冷冰冰的建筑物，从精神上无言的述说，到物质上可触摸的物件，它带给我们每个人的感受，或多或少，或深或浅，因人而异，但殊途同归。

附录 沙巴华北人调查散记

新马地区以闽粤人为多，还有一些广西人，都属于中国东南沿海一带。此外，在新加坡还有所谓"三江"社群，就是"浙江、江苏、江西"，上海人也应该包括在内。当然，现在"三江"已经不限于上述区域了。

但是，淮河以北地区的华北社群呢？在清代后期，河北、山东要"闯关东"，开发大东北；山西要"走西口"去内蒙古。而由于历史的机缘巧合，有一批来自华北的社群却来到了亚庇（Kota Kinabalu），最后扎根于宾南邦县（Penampang），成为东南亚唯一的华北人社群。

得知沙巴还有华北人社群，缘于2013年马来亚大学中文系硕士研究生张晓君在写关于沙巴华北人的论文。张晓君来自亚庇，虽然不是华北人，却选择了一个很好的题材来撰写硕士学位论文。当时我也惊讶于马来西亚境内居然还有来自华北的社群，而且在东南亚是唯一的。

我第一次去沙巴是2013年7月，纯粹旅游；第二次是2015年11月，当时是有备而去，幸得张晓君的帮助，联系上了沙巴华北同乡会会长甲必丹张景程和总务聂惠庆先生。聂先生是第二代华北人，可他用一口南洋的华语跟我说话，我说："您是华北人，还会说华北的方言吗？"他马上跟我说……（此处省略很多字，因为都是骂人的话），我居然都听得懂，第一次在马来西亚说老家的方言，而且有人能听懂，别提多奇妙了。聂先生带我去华北同乡会的会所参观，给我看了一些华北人的照片和史料。

附录图 1 沙巴华北同乡会会长甲必丹张景程（右）与笔者分享当年华北人南下的过程（2015 年 11 月 14 日，黄伟程摄）

附录图 2 为了纪念先祖北移南下落地生根的百年历史，亚庇华北人隆重举办 100 周年庆典（沙巴华北同乡会提供）

附录图 3 新春联欢会，张景程会长和华北同乡总会的理事分派红包给年长的乡亲（沙巴华北同乡会提供）

一、流落亚庇的华北民俗

参观完会所，聂先生带我去吃沙巴的北方食物，这家"北方凉面包子馆"是聂先生的亲戚（山东济南人后裔）开的。我在这里吃到了韭菜鸡蛋馅儿的包子。在来沙巴之前，我已经在西马逗留了好几天，能够吃到面食十分满足。来到此地吃到韭菜鸡蛋馅儿包子，配着南洋咖啡，这会是什么样的情怀呢？

原本以面食为主的华北人，已经习惯以米饭为主食。但是庆祝节庆的时候，面食依然是不可或缺的节庆食品。进入农历十二月，初八

附录图 4 在"北方凉面包子馆"吃一口韭菜鸡蛋馅儿包子，配着南洋咖啡，细品沙巴北方食物的文化（2015年11月13日，宋燕鹏摄）

是好日子，家家户户煮腊八饭或捞汤圆粥吃。腊八饭是米和糙米混合且加上一些红枣煮成，一家大小享用。

年关将至，一家大小打扫卫生，把不用的丢掉，购置新的餐具，为儿孙购置新衣服，贴对联。年二十七到年三十，家长都带着子孙到津侨义山去祭拜祖先。除夕当晚，半夜子时吃水饺，并放鞭炮驱邪，守夜到天亮。

有句俗语："初一饺子，初二面，初三合子往家转。"因为北方人的过年习俗，年初一吃饺子，年初二吃面条，长长的面条，意思是长长久久，顺顺利利。年初三包合子，吃了合子，长辈嘴里不停地说"包合子、吃合子"，好运往家转，祝愿儿女们在新的一年里行好运，好事都转回家来。合子是用菜、粉条、炸油条等掺起来做成素馅儿来包的。

年初四没事，年初五一家人再次包饺子吃。年初六大家开工大吉，放鞭炮开始干活。然后是年十五庆元宵，吃元宵，一家人动手煮几道美味菜肴，春节到此结束。虽然饮食中已经增加了华北以外的因素，但总体上还是能说明华北人对节庆饮食的坚持。

二、在海上吃老鼠

第二天见到张会长，他向我转述父亲给他讲的当年华北人南下的过程。1913年，百余户华北人从天津乘轮船出海，在船上待了一个多月时间，上船的时候就带着一大包窝窝头（玉米面做的食物），只能啃那个。还有一个礼拜差不多要到的时候，连船上的老鼠都逮来吃完了。很多大老鼠，又肥又胖，逮着一只老鼠，一天都不愁了。

没水了，就等海上下雨，用衣服接了水再拧到桶里。到了沙巴，个个都病了，大伙儿没坐过船，吐得稀里哗啦。来了语言也不通，看见土人种木薯，就去拔来吃。土人说话听不懂，以为是骂人的话。张会长的祖父辈都是会武功的，一顿打就把土人打服了。土人以后看见山东人就闪，怕挨揍。

第二拨来的就是散客，偷渡来的。英国殖民地政府占领北婆罗洲之后，四个外国集团种橡胶，人手不够，就来华北招工。英国人分配的土地，后来华北人都卖给了开发商。

在中国北方学的东西，到这里一概用不上。英国人派发的玉米、绿豆、水稻种子，统统种不起来。后来改种橡胶树，但是橡胶树过了15年就老了，所以华北人就不再种橡胶树。张会长的祖父来亚庇时，跟土人学种橡胶树，当时的橡胶树没有好的品种，只能对付着。后来把地卖了，拿了钱开了店。

"二战"时期，日本还未侵略北婆罗洲之前，有一年疟疾肆虐，华北人只能用土人的方法来治，治得早就治好了，治得晚就死了。英国人在当地没什么管理，因为没有收成，华北人就不用缴税。有的华北人修铁路，修了一半不修了，就自己种木薯。十年八年以后才有点钱买一点面粉包饺子，能自己养鸡养猪，年底宰猪过年。

附录图 5 沙巴华北人的"归宿"(2015 年 11 月 14 日,宋燕鹏摄)

三、同在异乡为异客

当初到这里落户的,只有四家是山东人,其他都是河北人。当时天津属于河北,而且天津靠港,所以河北人之中又以天津人为最多。最初,英国人是要招徕山东人,不料河北人纷纷上船冒充自己是山东人。所以,宾南邦成了"山东村",实际上是天津人多。

第一批到亚庇的华北人有 106 户人家,1913 年 11 月 25 日在天津港登上"惠州号",约一周后(12 月 2 日)抵达香港转乘"婆罗洲号",最终在 12 月 6 日到达目的地沙巴亚庇(当时叫杰士顿,Jesselton),共有 149 名男人、110 名女人、105 名男孩和 69 名女孩(包括婴儿)。随行的还有中国委派的监理员谢天保(后来他成为第一任中华民国驻北婆罗洲的领事),以及中介公司负责人和医护人员等。

此外，船上还运载了华北人的主食，如高粱、麦、绿豆、黄豆等。百余户人家，来自76个不同的乡村，显然在移民之前他们彼此是不认识的。单单男丁就有51个不同的姓氏，妇女的姓氏也有20个。虽然原来都不认识，但是飘零海外，在航程中，他们就已经通过收养子，为年幼的女儿找夫婿或结拜等方式，建立起彼此之间牢固的"亲属"关系。

在宾南邦的第三天，我拜访了"津侨义山"，义山在一座山坡上，非常难找。义山最早什么时候开辟的已经不好说了，当然不会早于1913年。匾额"津侨坟地"最早的纪年是"民国廿九年"，就是公元1940年。

义山的墓碑还保持着南来后人们对原乡的记忆。比如"河北天津"，因为在1913年南来的时候，河北省的省会是天津。还有"天津北平"的籍贯，北平当时属于河北省，而天津是河北省省会，所以在老人家的记忆里，北平就是属于天津的吧。

另外，这当中也有一小部分是穆斯林，因为河北省在孟村、献县等就有不少回族，所以南来的108户里也有穆斯林。与"津侨义山"紧邻，有小小的"津侨回教义山"，昭示着沙巴华北人有穆斯林。回族人去世之后，依照穆斯林的方式安葬，由华北穆斯林理事会处理。所以，华北同乡会设有小组，如有白事由小组主任通知政府设立的回教理事会来处理葬礼。沙巴的华北人穆斯林对华北同乡会的会所建设慷慨解囊，乡情不改。

四、他乡已成了故乡

晚上，在张会长邀请下，我有幸参加了中英学校的百年庆典。这所小学就是以前的"津侨小学"，是1915年渣打公司按照合约为华北人建立的小学。1954年，因为增加了英文课程，改名"中英学校"。

附录图6 笔者受邀参加中英（津侨）学校100周年庆典（2015年11月14日，黄伟程摄）

1967年之前该校学生几乎全部都是华北人的孩子。英殖民政府规定，只有津侨区的儿童才有资格享受该校提供的一切利益，因为习惯之故，1967年之后，附近新村儿童才来就学。

华北同乡，原本都在宾南邦两个山东村聚居，由政府委任的甲必丹（即村长）来进行日常管理。随着华北人人数不断壮大，1976年正式组织华北同乡会作为同乡联谊组织。

1999年，华北人已经从当初的108户发展到9000多人。华北人在经历几十年的社群内部通婚之后，不断和土著及其他方言社群通婚，原有的华北方言乃至民俗活动也开始出现淡化的倾向，掺杂进来一些华南乃至沙巴土著的风俗内容。这是一个移民社群在异地再造之

附录图7 中英(津侨)学校100周年庆典,象征着华北人在沙巴生生不息(沙巴华北同乡会提供)

后必然发生的现象。好在南迁百年后,我们还能见到来自华北的一些风俗习惯。

现在研究沙巴华北人的学者还比较少,它作为在南洋唯一现存的中国北方移民社群,值得我们加以关注。

征引文献

一、中英文史料

（清）瑞麟、戴肇辰等修，史澄等纂：《广州府志》，光绪五年（1879），《中国地方志集成·广东府县志》，上海：上海书店出版社，2013年。

（清）屠英等修，江藩等纂：《肇庆府志》，道光十三年（1833），《中国地方志集成·广东府县志辑》，上海：上海书店出版社，2003年。

（清）薛福成著，蔡少卿整理：《薛福成日记》，长春：吉林文史出版社，2004年。

（清）曾纪泽：《曾惠敏公奏疏》，《清代诗文集汇编》，第739册，上海：上海古籍出版社，2010年。

《咨送前出使日本参赞黄遵宪所著日本国志一书请查阅》，《黄遵宪著呈日本国志案》册，《总理各国事务衙门》全宗，光绪十四年十一月十七日，馆藏号01-34-003-09-01（"中研院"近代史研究所档案馆）。

《槟榔屿副领事改派同知梁廷芳已咨会英外部请查照由》，《张德彝使英》册，《外务部》全宗，馆藏号02-12-010-02-015（"中研院"近代史研究所档案馆）。

（清）张煜南：《海国公余辑录》，上海：上海古籍书店，2005年。

（清）丘逢甲：《岭云海日楼诗抄》，上海：上海古籍出版社，1982年。

林远辉、张应龙编：《中文古籍中的马来西亚资料汇编》，吉隆坡：马来西亚中华总商会，1998 年。

余定邦、黄重言等编：《中国古籍中有关新加坡马来西亚资料汇编》，北京：中华书局，2002 年。

释宝慈：《槟城鹤山极乐寺志》，白话文、张智主编：《中国佛寺志丛刊》第 99 册，扬州：广陵书社，2011 年。

星洲日报社编：《星洲十年》，《近代中国史料丛刊续编》第 44 辑，台北：文海出版社，1977 年。

陈翰笙主编：《华工出国史料汇编》(第一辑)，北京：中华书局，1985 年。

邱菽园：《菽园诗集》，沈云龙主编《近代中国史料丛刊续编》第 37 辑，台北：文海出版社，1977 年。

许金顶编：《新阳历史文化资料选编》，广州：花城出版社，2016 年。

郑振满、[美]丁荷生编纂：《福建宗教碑铭汇编·泉州府分册》，福州：福建人民出版社，2003 年。

李仲伟、林子雄、崔志民编著：《广州寺庵碑铭集》，广州：广东人民出版社，2008 年。

饶宗颐编：《新加坡古事记》，香港：中文大学出版社，1994 年。

陈荆和、陈育崧编著：《新加坡华文碑铭集录》，香港：中文大学出版社，1973 年。

[德]傅吾康、[美]陈铁凡：《马来西亚华文铭刻萃编》，吉隆坡：马来亚大学出版部，1985 年。

[新加坡]李庆年编：《南洋竹枝词汇编》，新加坡：今古书画店，2012 年。

[马来西亚]张少宽：《槟榔屿福建公冢暨家冢碑铭集》，新加坡：亚洲学会，1997 年。

[马来西亚]黄文斌编著：《马六甲三宝山墓碑集录》，吉隆坡：华社研究中心，2013 年。

《新江邱曾氏族谱（续编）》，2014 年。

《雪兰莪莪福建会馆会议簿》。

《商务官报》。

《申报》。

《南洋商报》。

《槟城新报》。

《循环日报》。

《南洋文摘》。

The Straits Times.

Straits Times Weekly Issue.

Straits Time Overland Journal.

J.R. Innes, *Report on the census of the Straits Settlements 1901*, Singapore : Printed at the Govt. Print. Off., 1901.

.J.E. Nathan,*The census of British Malaya 1921*,Kuala Lumpur:Federated Malay States. Superintendent of the Census,1921.

Census of the State of Perak 1891.Taiping:Printed at the Perak Government Printing Office,1892.

General Remarks on the census,Kuala Lumpur:Federated Malay States,1901.

二、特刊

《第二届星马胡氏恩亲大会暨槟城帝君胡公司 144 周年纪念特刊》，槟城：帝君胡公司，2008 年。

《马来西亚槟城同安金厦公会庆祝成立七十五周年钻禧纪念特刊》，槟城：槟城同安金厦公会，1998 年。

《槟榔州南安会馆一百年纪念特刊》，槟城：槟榔州南安会馆，1994 年。

《槟榔屿安溪会馆重建落成纪念特刊 1919-2007》，槟城：槟榔屿安溪会馆，2007 年

《槟榔屿晋江会馆九十周年庆典特辑 1919-2009》，槟城：槟榔屿晋江会馆，2009 年。

《马来西亚槟榔屿惠安公会成立一百周年纪念特刊》，槟城：槟榔屿惠安公会，2013 年。

《槟榔州福建会馆成立五十三周年纪念特刊》，槟城：槟榔州福建会馆，2012 年。

《槟城联合福建公冢二百年》，槟城：槟城福建联合公冢董事会，1994 年。

《马来西亚槟榔屿三都联络局 105 周年纪念特刊 1900-2005》，槟城：槟榔屿三都联络局，2005 年。

《槟榔屿漳州会馆金禧纪念特刊 1928-1978》，槟城：槟榔屿漳州会馆，1978 年。

《马来西亚吡叻州怡保南天洞（南道院）创立 120 周年纪念特刊》，怡保：南天洞，1988 年。

《槟榔屿大埔同乡会三十周年纪念刊》，槟城：槟榔屿大埔同乡会，1968 年。

《槟州永定同乡会银禧纪念特刊》，槟城：永定同乡会，1977 年。

《马来西亚琼乐会馆联合会成立特刊》，槟城：马来西亚琼乐会馆联合会，1988 年。

《吉隆坡中华女校七十周年纪念特刊》，吉隆坡：中华女校，1995 年。

《吉隆坡中华女校国民型华文小学八十周年纪念暨二零零五年第六十五届毕业特刊》，吉隆坡：吉隆坡中华女校国民型华文小学，2005 年。

《雪兰莪暨吉隆坡福建会馆 125 周年纪念特刊》，吉隆坡：雪兰莪暨吉隆坡福建会馆，2010 年。

《马来西亚古冈州六邑总会特刊》，槟城：庇能台山宁阳会馆，1964 年。

三、今人论著

江亢虎：《南游回想记》，上海：中华书局，1925 年。

刘熏学：《南洋游记》，上海：开明书店，1930 年。

陈枚安：《南洋生活》，上海：世界书局，1933 年。

梁绍文：《南洋旅行漫记》，台北：新文丰出版公司，1982 年。

费孝通：《乡土中国 生育制度》，北京：北京大学出版社，1988 年。

白玉国：《马来西亚华人佛教信仰研究》，成都：巴蜀书社，2008 年。

释大愿讲述：《大愿与地藏法门》，北京：宗教文化出版社，2012 年。

严如平、熊尚厚：《中华民国史资料丛稿民国人物传》第八卷，北京：中华书局，1996 年。

罗哲文、刘文渊、韩桂艳：《中国名寺》，天津：百花文艺出版社，2006 年。

林应麟：《福建书业史——建本发展轨迹考》，厦门：鹭江出版社，2004 年。

同安县地方志编纂委员会编：《中华人民共和国地方志·同安县志》（上），北京：中华书局，2000 年。

林殿阁主编：《漳州姓氏》（下），北京：中国文史出版社，2007 年。

饶伟新主编：《族谱研究》（第 1 辑），北京：社会科学文献出版社，2013 年。

惠阳市侨务办公室编：《惠阳华侨志》，广州：广东人民出版社，1999 年。

杨大金：《近代中国实业通志》，南京：钟山书局，1933 年。

陈玉女：《明代佛门内外僧俗交涉的场域》，台北：稻乡出版社，2010 年。

林和等编：《鼓山石刻》，福州：海风出版社，2002 年。

张克宏：《亡命天南的岁月：康有为在新马》，吉隆坡：华社研究中心，2006 年。

刘朝晖：《超越乡土社会：一个侨乡村落的历史文化与社会结构》，北京：民族出版社，2005 年。

马西沙、韩秉文：《中国民间宗教史》，上海：上海人民出版社，1992 年。

濮文起：《中国民间秘密宗教》，杭州：浙江人民出版社，1991 年。

王丽英：《广州道书考论》，武汉：华中师范大学出版社，2010 年。

吴光正主编：《八仙文化与八仙文学的现代阐释：二十世纪国际八仙研究论丛》，哈尔滨：黑龙江人民出版社，2006 年。

张磊编著：《东莞历史文化名城》，北京：中国戏剧出版社，2005 年。

周大鸣，吕俊彪编著：《珠江流域的族群与区域文化研究》，广州：中山大学出版社，2007 年。

鹤山县县志编纂委员会编：《鹤山县志》，广州：广东人民出版社，2001 年。

韦生理主编《晚晴文存》，南宁：广西人民出版社，2002 年。

黄金河：《文化三灶》，北京：中国戏剧出版社，2005 年。

詹伯慧、陈晓锦编：《东莞方言词典》，南京：江苏教育出版社，1997 年。

惠州市地方志编纂委员会编：《惠州市志 4》，北京：中华书局，2008 年。

郝平、高建国主编：《多学科视野下的华北灾荒与社会变迁研究》，太原：北岳文艺出版社，2010 年。

曾玲：《新加坡华人宗乡文化研究》，北京：中国社会科学出版社，2019 年。

黄建淳：《晚清新马华侨对国家认同之研究——以赈捐投资封爵为例》，

台北：海外华人研究学会，1993 年。

［马来西亚］陈秋平：《移民与佛教：英殖民时代的槟城佛教》，柔佛：南方学院，2004 年。

［马来西亚］邝国祥：《槟城散记》，新加坡：星洲世界书局有限公司，1958 年。

［马来西亚］张少宽：《槟榔屿华人史话》，吉隆坡：燧人氏事业有限公司，2002 年。

［马来西亚］范立言主编：《马来西亚华人义山资料汇编》，吉隆坡：马来西亚中华大会堂总会（华总），2000 年。

［马来西亚］伍连德：《鼠疫斗士——伍连德自述》，程光胜、马学博译，王丽凤校，长沙：湖南教育出版社，2011 年。

［马来西亚］朱志强、［马来西亚］陈耀威：《槟城龙山堂邱公司：历史与建筑》，槟城：龙山堂邱公司，2003 年。

［马来西亚］陈剑虹：《槟城福建公司》，槟城：槟城福建公司，2014 年。

［马来西亚］黄裕端：《19 世纪槟城华商五大姓的崛起与没落》，［马来西亚］陈耀宗译，北京：社会科学文献出版社，2016 年。

［马来西亚］陈剑虹：《槟榔屿华人史图录》，槟城：Areca Books,2007 年。

［马来西亚］张集强：《英参政时期的吉隆坡》，吉隆坡：大将出版社，2007 年

［马来西亚］曾衍盛：《青云亭个案研究》，吉隆坡：曾衍盛，2011 年。

［马来西亚］陈长兴：《金宝 100 年（1886-1986)》，直落英丹：瑞文印务有限公司，2001 年。

［新加坡］麦留芳：《方言群认同：早期星马华人的分类法则》，台北："中研院"民族学研究所，1974 年。

［新加坡］黄贤强：《跨域史学：近代中国与南洋华人研究的新视野》，厦门：厦门大学出版社，2008 年。

［新加坡］柯木林：《石叻史记》，新加坡：青年书局，2007 年。

［新加坡］柯木林主编：《新华历史人物列传》，新加坡：教育出版私营有限公司，1995 年。

［美］陈铁凡：《南洋华裔文物论集》，台北：燕京文化事业股份有限公司，1977 年。

［美］何炳棣：《中国会馆史论》，台北：学生书局，1966 年。

［加拿大］卜正民：《为权力祈祷——佛教与晚明中国士绅社会的形成》，南京：江苏人民出版社，2005 年。

［英］理查德·温斯泰德：《马来亚史》（下册），姚梓良译，北京：商务印书馆，1974 年。

［英］王思福：《帝国的隐喻：中国民间宗教》，赵旭东译，南京：江苏人民出版社，2008 年。

［法］禄是道：《中国民间崇拜 道教仙话》，王惠庆译，上海：上海科学技术文献出版社，2009 年。

［日］今堀诚二：《马来亚华人社会》，刘果因译，槟榔屿：槟城嘉应会馆扩建委员会，1974 年。

［澳洲］颜清湟：《新马华人社会史》，粟明鲜等译，北京：中国华侨出版公司，1991 年。

［澳洲］颜清湟：《海外华人史研究》，新加坡：亚洲研究学会，1992 年。

J.D.Vaughan,*The manners and customs of the Chinese of the Straits Settlements*. Singapore: Oxford University Press, 1854.

G.T.hare (ed.), *A Text Book of Documentary Chinese,selected and designed for the special use of members of the civil service of the Straits Settlments and the Protected Malay States*, Singapore, Government Printing Office, 1894.

L.A.Mills,*British Malaya:1824-67*, Kuala .Lumpur: MBRAS, 1961.

Wong Choon San, *"Kek Lok Si"Temple of Paradise*, Singapore:Malaysian

Sociological Research Institute Ltd., 1963.

Wong Choon San, *A Gallery of Chinese Kapitan,* Singapore: Dewan Bahasa dan Kebudayaan Kebangsaan, Ministry of Culture, 1963.

M.Turnbull,*The straits settlements 1826-67:Indian Presidency to Crown Colony,* London:Oxford University Press,1972.

Khoo Kay Kim, *The Western Malay States 1850-1873: The Political Effects of The Growth of Economic* Activities,Kuala Lumpur:Oxford University Press,1975.

John R.Clammer,*Straits Chinese Society:Studies in the Sociology of the Baba Communities of Malaya and Singapore,*Singapore: Singapore University Press,1980.

Danny Wong Tze Ken, *The Transformation of an Immigrant Society: A study of the Chinese of Sabah,* London: Asean Academic Press, 1998.

Tan Chee Beng, *The Baba of Melaka,* Petaling Jaya: Pelanduk Publications.1998.

Wu Xiao An, *Chinese business in the making of a Malay state, 1882-1941: Kedah and Penang,* London: Routledge.2003.

Nordin Hussin,*Trade and Society in the Straits of Melaka:Dutch Melaka and English Penang, 1780-1830,* Singapore: NUS Press,Copenhagen: NIAS Press,2007.

Saw Swee-Hock, *The Population of Peninsular Malaysia,* Singapore: Institute of Southeast Asian Studies Singapore, 2007.

Andrew Barber, *Penang under the East India Company 1786-1858,* Kuala Lumpur: AB&A, 2009.

四、今人论文

傅衣凌：《厦门海沧石塘〈谢氏家乘〉有关华侨史料》,《华侨问题资料》1981 年第 1 期。

颜清湟：《清朝对华侨看法的变化》,《南洋资料译丛》1984 年第 3 期。

陈美华：《马来西亚的汉语系佛教：历史的足迹、近现代再传入与在地扎根》，载《马来西亚与印度尼西亚的宗教认同：伊斯兰、佛教与华人信仰》，台北："中央研究院"人社中心亚太区域研究专题中心，2009 年。

郑筱筠：《试论马来西亚佛教发展的现状及特点》,《宗风》庚寅夏之卷，北京：宗教文化出版社，2010 年。

张长河：《明溪纯客家县的界定》，载中国人民政治协商会议文史数据编辑室、福建省明溪县委员会文史数据编辑室编《明溪文史数据》（第十五辑），2003 年。

詹冠群：《陈宝琛与漳厦铁路的筹建》，唐文基等主编：《陈宝琛与中国近代社会》，福州：陈宝琛教育基金筹委会，1997 年。

冀满红、赵金文：《丘逢甲与南洋华侨》,《东南亚研究》2010 年第 6 期。

杨净麟：《青莲教祖师著述新考》,《四川大学学报》2009 年第 1 期。

宋燕鹏：《19 世纪上半叶马六甲青云亭亭主领导权的式微与再造尝试》,《华人研究国际学报》（新加坡）2013 年第 2 期。

徐云：《早期报刊史料在华侨研究中的价值——以〈申报〉为例的分析》,《华侨华人历史研究》2015 年第 3 期。

庄英章：《台湾汉人宗族发展的若干问题——寺庙宗祠与竹山的垦殖型态》,《"中央研究院"民族学研究所集刊》第 36 期，1974 年。

陈伟玉：《中国驻婆罗洲领事馆的设立及其职能之探讨（1913—1950)》,《亚洲文化》第 32 期，2008 年 6 月。

张海钟、姜永志：《中国人老乡观念的区域跨文化心理学解析》,《宁夏大学学报（哲学社会科学版）》2010 年第 1 期。

张翰碧、张维安、利亮时：《神的信仰、人的关系与社会的组织：槟城海珠屿大伯公及其祭祀组织》,《全球客家研究》第 3 期，2014 年 11 月。

［马来西亚］张晓威：《近代中国驻外领事与海外华人社会领袖角色的递换——以驻槟榔屿副领事谢荣光（1895-1907）为例》,《"国立"政治大学历史学报》第 22 期，2004 年 11 月。

［马来西亚］陈爱梅：《霹雳州近打县百年观音庙及当代观音信仰调查》《亚州文化》，第 37 期，2013 年。

［马来西亚］陈爱梅：《英属马来亚华人二战前社会运动类型》,《南洋问题研究》2014 年第 3 期。

［马来西亚］陈爱梅：《客家的建构和想象——以马来西亚槟城大伯公信仰和海陆丰社群为例》,《华侨华人文献学刊》（第四辑），北京：社会科学文献出版社，2017 年。

［马来西亚］陈爱梅、孙源智：《福州寺院的南洋印记——福州佛教与马来亚华人社会关系探析》,《华侨华人文献学刊》（第六辑），北京：社会科学文献出版社，2018 年。

［马来西亚］陈耀威：《殖民城市的血缘聚落：槟城五大姓公司》，载［马来西亚］林忠强、陈庆地、［中国］庄国土、聂德宁主编：《东南亚的福建人》，厦门：厦门大学出版社，2006 年。

Owen Rutter, British North Borneo, *Journal of the Royal Society of Arts*, Vol. 71, No. 3658 (DECEMBER 29, 1922).pp. 103-109.

George Mc T. Kahin, The State of North Borneo 1881-1946, *The Far Eastern Quarterly*, Vol. 7, No. 1 (Nov., 1947).pp. 43-65.

Liow Woon-Khin Benny,Buddhist Temple and Association in Penang: 1845-1948, *JMBRAS*, Vol. 62, No.1 (256) (1989). pp. 57-87.

后记

　　看一本书，最喜欢看后记，因为那是个人情感的表达区，想来诸位读者应该和我有一样的习惯。可是这本书的后记，从正文交稿到写出来，已经过了大半年。除了交稿时候的懒惰，中间被工作和其他事情缠住不得空之外，还有因为疫情之故，将近一年半未踏足大马做田野，缺乏在地化的内心情感这一因素。为了写后记，今天高价买了一大粒榴莲，让这种久违的"南洋意象"来刺激神经。

　　提起吃榴莲，本来我这个北方人是很反感的。第一次近距离闻到榴莲果肉的味道，是接受华社研究中心的邀请，参加某讲座，讲座前准备的茶点就有榴莲果肉，当时我难以忍受刺鼻的味道，频频皱眉，但还是尝了一小口"猫山王"，结果马上吐了出来。时任华研董事主席的周素英女士看到后，她笑着打趣说："不能吃榴莲，怎么做马来西亚人呀？"如今周主席虽然已经往生，但是她的音容笑貌依然清晰地浮现在眼前。回国后，有一次读到一本有关南洋的小说，主人公小时候下南洋，在新加坡上岸的时候，又饿又渴又累，老乡给他一块榴莲肉，他顾不得鼻子闻到的气味，大口吃下去，居然感觉味道不错，老乡拍拍他的脑瓜说：能吃榴莲，你就能在南洋扎根了。不过，味蕾之事，勉强不来呀。2016 年 5 月，刚好赶上榴莲季，我下了飞机就到槟城美湖——陈爱梅博士的老家，一个靠山望海的美丽华人小渔村。她家当时正在做榴莲生意，我就这样被榴莲味熏了整晚。次日早晨，爱梅的妈妈拿了一小块"红虾"榴莲给我，只有四五厘米的小"红虾"，果肉很薄，没有种子。

我捏着鼻子吃了一口。哇！那种感觉终生难忘！无比美味，稠滑爽口，甜中略带苦！从此，我变成了榴莲的"俘虏"！

回到正题，这本书的内容先后完成于 2014—2019 年，覆盖了我回国后在吉隆坡福建人研究之外的有关大马华人史研究的内容。第一章是对槟城极乐寺的研究，是因为曾经想为开山方丈妙莲禅师做一些研究，我也在中国福建将妙莲禅师去过的地方都跑了一遍；另外一个主要原因，是想经常去极乐寺看风景、碑文、抚今怀古。第二章、第三章是对 19 世纪以来槟榔屿福建社群的形塑研究，这是 2015 年中国侨联年度项目的一部分，代表我对大马福建社群研究的个案。第四章是对霹雳州的两个田野点做的个案研究，以便不使自己局限在吉隆坡、槟榔屿等大城市，从而对西马西海岸的华人史认识得更为全面。第五章是从《申报》入手，看 19 世纪晚期的中国对新马和北婆罗洲的认知，那是与马来西亚学者陈爱梅合作的成果。第六章将"会馆"作为分析对象，是 2019 年 4 月 27 日柔佛新山南方大学学院举办的"华团会馆史研究的回顾与前瞻：吴华逝世一周年纪念研讨会"的参会论文，谨以此文纪念有过一面之缘的前辈学者吴华先生。最后的附录是对东马沙巴亚庇华北人田野考察后的随笔文字。

笔者的大马华人史研究，从方法论上讲是田野加文献，貌似与历史人类学合辙，但笔者从未受到过这方面的学术训练，只是十年前曾经连续旁听过赵世瑜教授在两年内所开的"区域社会史"等四门课程，在此感谢赵老师金针度人。在 2012 年 11 月初入大马后不久，我发现国内从事马来西亚华人史研究的学者寥寥，就迅速决定从中国古代史"移情别恋"到大马华人史，在中国古代史专业受到的史学训练、区域社会史的研究方法就成为笔者迅速进入这个领域的有效"武器"。

马来西亚有 13 个州和 3 个联邦直辖区，通过 15 个月的访学，和迄今每年两次、每次至少十天的田野（2020 年、2021 年除外），竟然还未踏足大马全部的一级行政区，遑论数量更多的华人居多的县份、城镇、村落，甚为惭愧。田野越多，越发觉得自己对大马丰富多彩的华人社会面相了解不够，行文始终有一种避免"盲人摸象"的谨慎。如今的心愿就是希望新冠疫情赶紧过去，以便能够恢复对大马的田野工作。

这些年，笔者在大马各州交了不少朋友，也得到了很多朋友的热心帮助。无论是开车载我到庙宇、登义山抑或觅会馆的朋友，还是专门跑几十公里甚至上百公里就为了喝咖啡聊聊天的朋友，更遑论非要凌晨 2 点带我吃嘛嘛档的朋友，每每想起这些，都温暖心间。前几天还曾问一位金宝的朋友："我们多久没见了?"他说："应该都有四年多了。"我说："有这么久咩?"他大笑说："你的'咩'用得很娴熟，的确已经在地化了!"

马来西亚有一本著名的文学期刊——《蕉风》，名字来源于"蕉风椰雨"这一早期南洋意象，这样的意象令华北人陶醉，长年拖鞋、短裤和 T 恤的热带生活令华北人感到惬意。时至今日，当初繁忙的华人胶园、锡矿生活虽然已经远去，但美轮美奂的华人神庙充满了中华文化的内容及意象，除了信仰因素，更是当地华人的民族文化符号；坟冢累累的华人义山揭示了华人先贤们的踪迹；遍布各地的会馆是华人社群凝聚的场域。他们都还在向人们"诉说"着大马华人过往的历史记忆。

作为华北人，赤道边上的国度曾是如此陌生，如今却如此令我着迷! 以此书，献给所有南迁先民，以及所有陪伴我、帮助我的师长、朋友!

宋燕鹏

2022 年 1 月 29 日于北京一水轩